ein Ullstein Buch

ÜBER DAS BUCH:

Der Donnerstagnachmittag, den fünf Freundinnen einmal im Monat heiter und harmonisch miteinander verbringen, verläuft diesmal dramatisch: eine Außenseiterin ist hinzugekommen, Dr. Karla Oeser, Expertin für Frauenfragen, Junggesellin. Karla provoziert. Sie sagt: Eure Schmuckstücke sind eure Trophäen! Die Jagdbeute der Frauen! Ringe und Ketten, das sind doch Gold- und Platinplomben für schadhaft gewordene Ehen. Sie bringt die Freundinnen dazu, Geheimnisse preiszugeben, die sie bisher voreinander gehütet haben. Jede erzählt die Geschichte eines Schmuckstücks . . .

DIE AUTORIN:

Christine Brückner, 1921 in einem waldeckschen Pfarrhaus geboren. Abitur, fünf Jahre Kriegseinsatz, Studium. Häufiger Orts- und Berufswechsel. Halle/Saale, Marburg, Nürnberg, Stuttgart, Krefeld, Düsseldorf u. a. Jetzt seßhaft in Kassel. Verheiratet mit dem Schriftsteller Otto Heinrich Kühner. Diplombibliothekarin, Redakteurin, wissenschaftliche Mitarbeiterin eines Kunstinstituts u. a. Seit 1954 freie Schriftstellerin. Romane, Erzählungen, Bilderbücher, Schauspiele und Feuilletons.

Christine Brückner

Die Mädchen aus meiner Klasse

Roman

ein Ullstein Buch

ein Ullstein Buch
Nr. 3156
im Verlag Ullstein GmbH,
Frankfurt/M – Berlin

Originalausgabe

Umschlagentwurf:
Hansbernd Lindemann
Umschlagfoto:
Ullstein Bilderdienst

Printed in Germany 1985
Gesamtherstellung:
Ebner Ulm
ISBN 3 548 03156 0

November 1985
135.–149. Tsd.

Von derselben Autorin
in der Reihe der
Ullstein Bücher:

Ehe die Spuren verwehen (436)
Ein Frühling im Tessin (557)
Die Zeit danach (2631)
Letztes Jahr auf Ischia (2734)
Die Zeit der Leoniden
[Der Kokon] (2887)
Wie Sommer und Winter (3010)
Das glückliche Buch der a. p. (3070)
Überlebensgeschichten (3461)
Jauche und Levkojen (20077)
Nirgendwo ist Poenichen (20181)
Das eine sein, das andere lieben (20379)
Mein schwarzes Sofa (20500)
Lachen, um nicht zu weinen (20563)

Brückner-Kassette
mit fünf Romanen (20078)

Gemeinsam mit Otto Heinrich Kühner:
Erfahren und erwandert (20195)

Alle gehören sie dem Jahrgang 1933 an. Sie waren sechs Jahre alt, als der Krieg ausbrach. In den ersten Schuljahren haben sie mehr Stunden in Luftschutzkellern gesessen als auf der Schulbank. Sie waren elf Jahre alt, als der Krieg zuende war. Ihre Väter sind gefallen, vermißt, oder kamen spät aus russischer Kriegsgefangenschaft zurück. Die Häuser und Wohnungen ihrer Eltern sind durch Luftangriffe zerstört worden.

1952 haben sie miteinander Abitur gemacht: Jutta, Marianne, Birgit, Karin und Sigrid. Sie haben Berufe erlernt oder von der Schulbank weg geheiratet, sie haben Kinder. Alle wohnen sie noch in derselben Stadt, in der sie miteinander zur Schule gegangen sind. Sie leben in guten Verhältnissen, wie man so sagt. Seit Jahren schon treffen sie sich einmal im Monat. Jetzt sind sie Ende dreißig. Sie haben schwere und gute Jahre hinter sich und vermutlich gute und schwere Jahre vor sich. Sie treffen sich reihum, trinken miteinander Kaffee, zeigen die neuesten Familienfotos, sprechen über Abmagerungskuren, neue Fußbodenbeläge, über Schulprobleme, Ferienerlebnisse, neue Bücher, selten über gemeinsame Schulerlebnisse.

Jutta Bachmann, verheiratete Morelli, ist blond. Als Schülerin trug sie einen dicken Zopf, jetzt schlägt sie das Haar mit einem Kamm ein: fraulich, sympathisch. Sie war die beste in der Klasse, studierte Philologie, wurde Referendarin, aber bevor sie noch ihren Assessor gemacht hatte, heiratete sie einen Zahnarzt, der wesentlich älter war als sie. Sie arbeitet in der Praxis mit. Vor einigen Jahren haben sie gebaut, ein Sohn.

Karin Sostmann, verheiratete Kümmerle, ist dunkel, lebhaft, im Turnunterricht stand sie immer an der Spitze ihrer Riege. Von Sexta an war sie die größte. Sie ist die einzige, die ihre Figur gehalten hat, mühelos, ohne sich zu kasteien. Sie ißt zwei und drei Stücke Torte an den Donnerstagnachmittagen. Ihr Mann ist Ingenieur. Eigentumswohnung, zwei Kinder, ein Junge und ein Mädchen.

Birgit Siggert ist die Jüngste von ihnen, sie ist 1934 geboren. Sie hat eine kurze, unglückliche Ehe hinter sich, über die nie gesprochen wird. Sie führt ihren Mädchennamen. Seit einigen Jahren leitet sie die Jugendbücherei der städtischen Bibliothek. Sie hat eine, inzwischen zwölfjährige, Tochter und lebt mit ihrer Mutter zusammen. Sie fährt einen VW.

Sigrid Buda, verheiratete Knophius, lebt nicht wie die anderen in guten Verhältnissen, sie ist auch nicht wohlhabend, sondern reich. Auch kinderreich! Auch wortreich! Außerdem ist sie heiter und hat Witz. Sie ist vielleicht ein wenig zu klein und ein wenig zu üppig, dafür aber elegant und charmant. Ein Haus am Stadtpark, drei Söhne, eine Tochter. Eine ständige Hausgehilfin, außerdem eine Putzfrau, ein Sportwagen.

Marianne Penitschka, verheiratete Gehl, ist weder dunkel noch blond, weder groß noch klein, weder reich noch arm. In der Schule gehörte sie weder zu den guten noch zu den schlechten Schülerinnen. In allem: weder noch. Ihr Mann ist Versicherungskaufmann, fährt einen Opel. Sie hat zwei Söhne, die zur Realschule gehen. Sie spielt hübsch Klavier, liest viel. Sie ist anhänglich, sie ist es, die diesen Kreis zusammenhält.

Die fünf Frauen kennen sich gut. Jede von ihnen würde ohne Zögern sagen: ich kenne doch unsere Sigrid! Ihr wollt mir doch nichts Neues von Birgit erzählen!

Bis dann an einem Donnerstag Karla dazukam.

Alle lieben sie ihre Zusammenkünfte. Sie möchten sie nicht missen. Diesen einen Nachmittag im Monat halten sie sich immer frei. Natürlich wird geklatscht. Warum auch nicht? Klatsch ist gut für die Gesundheit der Seele, sagen die Psychologen.

An jenem Donnerstag im Mai trafen sie sich bei Marianne. Der Nachmittag wäre heiter und harmonisch verlaufen wie so viele vorher, wenn nicht Karla aufgetaucht wäre. Dr. Karla Oeser. Keiner hat sie in den sechzehn Jahren, die seit dem Abitur vergangen sind, wiedergesehen, keine hat je einen Brief von ihr bekommen. Sie wissen, daß Karla Journalistin geworden ist, sie haben ihren Namen manchmal in der Zeitung gelesen. Birgit hatte sie zufällig auf der Treppe, die zum Lesesaal der Bibliothek führt, getroffen. Sie war zu einer Tagung in ihre Vaterstadt gekommen, von der sie nichts mehr wissen wollte, aber: sie hatte eingewilligt, am Donnerstagnachmittag bei Marianne zu erscheinen.

Sie ließ auf sich warten. Die anderen saßen längst bei Sachertorte. Mariannes Spezialität. Sigrid hat gerade erklärt, daß sie Hunger leiden müsse, wie eine Hindufrau. Vor einer leeren Reisschale sei das schlimm, aber vor einem Teller mit Sachertorte zu hungern, das sei auch schlimm. Da schellt es.

Karla war kein hübsches Kind gewesen und auch jetzt ist sie nicht hübsch, aber: apart, attraktiv. Ihre Eleganz wirkt salopp, fast schlampig.

Sie blieb an der Tür stehen. »Die Mädchen aus meiner Klasse!« sagte sie, »beim Kaffeekränzchen wie Anno 1904. Ah –! Das tut wohl, Ihr glaubt gar nicht wie beruhigend das ist, wenn man gerade von einem Kongreß über Frauenfragen kommt. Jutta mit dem blonden Zopf. Gut steht dir die Frisur! Du siehst aus, als hättest du drei Kinder und alle spielten sie Flöte!«

Jutta kam nicht dazu, die Zahl auf ›zwei‹ zu korrigieren. Karla begrüßte bereits die Nächste. »Karin Sostmann, du liebe Zeit, hat dir je einer gesagt, daß du aussiehst wie die Hepburn? Wie hieß doch der Film – spielt in Paris, ihr wißt schon, mit dem Cello. Hübsch sind die Ohrringe, das ist Jade, stimmt's? Genau die Farbe deiner Augen! – Sigrid! Ist das wirklich unsere Sigrid Buda: Phantastisch! Wen hast du geheiratet? Das schafft eine Frau aus eigener Kraft doch nie. Behängt mit Gold und Silber. Entschuldige! Platin, das wird kein Silber sein oder Weißgold? Armbänder und Ringe – die Jagdbeute der Frauen, seit tausend Jahren! Präsente zur Wiedergutmachung! Kein Widerspruch, Sigrid! Ich freue mich, daß es dir so gut geht. Faltenlos und makellos von Kopf bis Fuß. Sieh mich an! Mich hat das Leben ramponiert! Entschuldige, Marianne, ich trinke entsetzlich viel Kaffee.« Sie schob bereits die zweite Zigarette in eine lange Ebenholzspitze. »Allüren! Ich brauche einfach in meinem Beruf Allüren. Man muß auffallen. Man muß überall dabei sein. Ich verdiene glänzend, aber wo bleibt's? Es zerrinnt mir unter den Händen. Bei euch sieht man doch wenigstens, daß ihr es zu was gebracht habt. Wie ihr da in euren Sesseln sitzt: Ihr habt's geschafft! Die kleine schüchterne Birgit leitet eine Jugendbücherei! Und ich stehe da mit meinen schönen Theorien von der gleichberechtigten, selbständigen, berufstätigen Frau. Heiraten muß man! Einen Mann muß man haben, der einem goldene Armbänder schenkt. Die Geschichte eurer Schmuckstücke möchte ich kennen! Mein einziges Vermögen sind Erinnerungen. Ich habe Erinnerungs-Vermögen. Ich sammle Erinnerungen wie andere – was weiß ich, was ihr sammelt. Schmuckstücke wie es scheint. Ich bin auf Glück aus, auch auf Erfolg, aber zuerst mal auf Glück. Ihr müßt mir erzählen, was mit euch los ist. Immer noch in dieser Stadt! Wie kann man bloß hier leben? Ihr seid mir ein Rätsel.«

Die Fünf haben längst die Kuchengabeln hingelegt, sie machen keinen Versuch mehr, die Zwischenfragen zu beantworten. Karla war in diesen harmonischen Kreis mit solcher Heftigkeit eingebrochen, daß sie ihn in wenigen Minuten aufbrach.

Sie attackierte jede einzelne, vor allem aber Sigrid, und die nimmt den Fehdehandschuh auf. Noch während Karla sprach, fing sie an, ihren Schmuck abzulegen. Sie öffnete das Sicherheitskettchen ihrer zierlichen brillantbesetzten Armbanduhr, zog einen Ring vom Finger, legte ihn zu der Uhr.

Die erste Atempause, die Karla machte, nutzte sie und fragte: »Wie hast du das genannt?« Sigrid wandte sich direkt an Karla, beugte sich über den Tisch. Sie ist immer geradezu, aber nie unliebenswürdig. »Jagdbeute einer Frau? Sagtest du Jagdbeute? Du hast mich gemeint, natürlich hast du mich gemeint. Ich liebe Schmuck! Es sind die Trophäen, die ich im Laufe meiner Ehe eingebracht habe, ganz recht! Jetzt will ich dir mal etwas erzählen. Von einer Ehe scheinst du nämlich nicht viel Ahnung zu haben, auch wenn du Expertin für Frauenfragen bist.«

Sie wandte sich an die anderen: »Ihr könnt ruhig alle zuhören und erfahren, wie es der armen reichen Sigrid in ihrer Ehe ergangen ist. Das meint ihr doch: Sie hat alles, was eine Frau sich nur wünschen kann. Sie sieht gut aus, das weiß ich selbst, daß ich gut aussehe. Ich habe fünf bis sechs Pfund zuviel, aber die sitzen an der richtigen Stelle. Ich habe soviel Geld, daß ich mich elegant anziehen kann. Ich habe Geschmack, schließlich war ich mal eine Weile Mannequin, da muß ich das ja gelernt haben. Wenn ihr widersprechen wollt, tut das ruhig! Ich habe mich gut verheiratet. Mein Mann hat Erfolg, er ist angesehen. Wir haben vier Kinder, die normal begabt, gesund und leidlich wohlerzogen sind. Wir haben ein Haus am Stadtpark, das in Illustrierten abgebildet wird, einen großen Garten, ein Areal! Ich fahre einen Sportwagen. Was noch? Eine Hilfe im Haus habe ich auch. Und wenn ihr es wissen wollt, ich bin sehr zufrieden! Ich lebe gern so, wie ich lebe! – Und was diesen Christbaumschmuck angeht« – sie versuchte das Schloß der Perlenkette zu öffnen, »hilf mir doch mal!« sagte sie zu Birgit, »ich kriege das Ding nicht auf!«

Die liebenswürdige Sigrid hatte einen neuen, aggressiven Ton in der Stimme, der jeden Einspruch im Keim erstickte.

Karla hatte sich in den Sessel zurückgelehnt, zufrieden, daß sie so erfolgreich ihren Köder ausgelegt hatte.

Sigrid öffnete das breite goldene Armband, legte es zu

der Perlenkette, schraubte die Ohrringe einen nach dem anderen auf und tat sie dazu, schob Kaffeetasse und Zuckerdose beiseite, streifte den Ring mit dem Saphir ab, häufte alles vor sich auf und sah ihre Schulfreundinnen eine nach der anderen an: »Nun, wie gefällt euch die demontierte Sigrid? Besser?«

»Nein!« sagte Jutta. »Zu dir gehört einfach Reichtum. Ich glaube nicht, daß man es nur gewöhnt ist. Es paßt zu dir.«

»Sag es nur ehrlich! Ohne Schmuck sehe ich aus wie ein Christbaum zu Maria Lichtmeß! Ich brauche Ausstattung. Ich bin landläufig hübsch, aber auch nicht mehr. Die Attraktionen hat Mutter Natur an andere vergeben. Bei mir ist das meiste Kosmetik, Garderobe, Schmuck.

Erinnerst du dich, Karla? Ich war ein armes Mädchen, aus gutem Hause. Als ich meinen Mann geheiratet habe, war ich arm wie Aschenputtel, na, sagen wir wie die Schwestern von Aschenputtel. Ein paar hübsche Kleider hatte ich, die ich wirkungsvoll spazierentragen konnte.

Habe ich eben gesagt: als ich meinen Mann geheiratet habe?« erkundigte sie sich. »Schon falsch! Ich gedenke euch nämlich jetzt die Wahrheit zu sagen. Er hat mich geheiratet. Das ist ein Unterschied, ihr anderen werdet das wissen. Er wollte mich haben, und ich hatte nichts dagegen. Genauso war es. Mir war kurz vorher eine Liebesgeschichte schief gegangen. Herbert war gelernter Kaufmann, aber er war noch ziemlich unten auf der Leiter, obwohl er schon damals gut verdiente. Er hat alles aus eigener Kraft geschafft. Nichts erheiratet und nichts ererbt. Darauf war er stolz, das ist er heute noch. Jetzt ist er ziemlich weit oben. Leitender Direktor. Ich bin einer der Beweise dafür, wahrscheinlich der auffälligste, daß er es geschafft hat. Ich trage seinen Erfolg zur Schau. Ich kaufe im besten Delikatessengeschäft ein, ich fahre einen auffälligen Wagen, ich bin im Golf-Klub; wir geben Parties, bei denen sich die prominenten Gäste drängeln. Das gehört alles dazu. Auch diese Trophäen, Karla! Ich habe das meine dazu getan, oder auch nicht getan, – das wirst du gleich sehen.«

Marianne unterbrach sie: »Sigrid! Bist du sicher, daß du uns das erzählen willst?«

»Ich bin todsicher!«

»Gut!« sagte Marianne und stand auf. »Dann hole ich uns was zu trinken. Sekt? Kognak? Was wollt ihr?«

Sie entschieden sich für Sekt. Marinne plagte sich mit dem Verschluß. Karla nahm ihr die Flasche ab. »Daran erkennt man mal wieder die Ehefrauen! Sie sind so unselbständig, daß sie nicht mal eine Sektflasche öffnen können.« Sie löste geschickt den Draht, lockerte den Pfropfen. Es gab den vorschriftsmäßigen Knall, nicht zu laut, nicht zu leise. Sie füllte die Gläser; Marianne räumte das Kaffeegeschirr weg.

Sigrid wartete ungeduldig. »Seid ihr soweit?« Sie hob das Glas. »Prost auf die Trophäen! Welche Geschichte wollt ihr zuerst hören? Die von dem Armband? Die von dem Saphir? – Wartet! Ich weiß, in welcher Reihenfolge Herbert sie mir geschenkt hat.« Sie sortierte die Schmuckstücke. »Die Perlenkette zuerst. Ich hatte sie mir schon lange gewünscht. Ich besaß eine imitierte, die ich viel getragen habe, aber ich kann mir Modeschmuck nicht leisten, er sieht bei mir unecht aus, billig.

Wir hatten noch die Etagenwohnung, ich glaube, da seid ihr nie gewesen. Drei Zimmer, Küche, Bad, Balkon. Wißt ihr, daß ich im Anfang unserer Ehe Adressen geschrieben habe? Herbert wollte nicht, daß ich mit in der Firma arbeitete. Das mache einen schlechten Eindruck, sagte er. Noch weniger durfte ich als Mannequin weitermachen. Gegen das Adressenschreiben hatte er nichts. Ich behielt das Geld für mich und kaufte mir ab und zu ein Kleid. Herbert war in der Importabteilung. Er war meist die Woche über nicht zu Hause. Zum Schreiben kam er nicht. Er ist kein Briefschreiber. Aber er hat nie vergessen, mir im Lauf der Woche ein Telegramm zu schicken. Meist stand darin ›Ich liebe dich!‹. Vermutlich hat sich das Fräulein am Telegrafenamt darüber amüsiert. Mir war das zur Gewohnheit geworden, manchmal habe ich es nicht einmal gleich geöffnet.

Ich erwartete ein Kind. Das erste. Ich war schon im siebten Monat und vermutlich keine sehr angenehme Ehefrau, wenn mein Mann zum Wochenende nach Hause kam. Er war sehr besorgt, brachte mir meist eine Überraschung mit, tröstete mich über mein Aussehen. Mir stand die Schwangerschaft nicht. Manche Frauen sehen auch im neunten Monat noch ganz nett aus. Ich bin zu klein. Ich litt auch an Depressionen. Ich war zuviel allein.

Eines Nachmittags, es war Samstag, ich erwartete meinen Mann im Lauf des Abends zurück, freie Wochenenden gab es da noch nicht, da ruft mich jemand an. Nicht Herbert. Eine Frau. ›Wissen Sie, daß Ihr Mann Sie betrügt?‹ Nichts weiter. Dann wurde aufgelegt. Das wiederholte sich an drei Samstagnachmittagen. Einmal hieß es: ›Ihr Mann hat eine Geliebte.‹ Das andere Mal weiß ich nicht mehr. Ich fing an, Herbert zu beobachten. Ich sagte ihm nichts von den anonymen Anrufen. Er brachte mir kandierte Früchte mit, brachte mir ein Bettjäckchen für die Klinik mit, hellblau mit Fellbesatz. Er war freundlich und zärtlich, ich merkte keinen Unterschied. Ich benahm mich abweisend; ich mochte nicht einmal, daß er mich küßte, das lag an meinem Zustand. Nicht an meiner Eifersucht! Inzwischen dachte ich, eine frühere Freundin von ihm mache sich einen üblen Scherz mit mir. Irrtum! Ganz großer Irrtum! An einem Sonnabend kam er erst nachts um elf Uhr nach Hause. Ich hatte kein Telegramm in jener Woche bekommen, keinen Brief, auch keinen Anruf, selbst der anonyme, auf den ich bereits wartete, blieb aus. Er hatte etwas getrunken. Er leide sonst sehr unter Nüchternheit, behauptet er. Ich lag schon im Bett. Ich machte das Licht nicht an. Ich hatte damals immer Angst, er fände mein Gesicht abstoßend. Das Licht unseres Nachttischlämpchens war so grell. Er zog nicht mal den Mantel aus.

Er kam ins Schlafzimmer gestürzt, lehnte sich mit dem Rücken gegen die Tür und legte aus drei Meter Entfernung ein Geständnis ab. Er hätte eine Freundin. Gehabt – er wiederholte immer wieder: gehabt. ›Glaub mir, es ist vorbei! Ich habe Schluß gemacht. Ich liebe dich, Siggi, ich liebe dich doch! Ich bin ein Schuft, ich bin es nicht wert, daß du mich liebst.‹ Er sagte immer wieder, daß es keine Entschuldigung für ihn gäbe, daß er es selbst nicht begreifen könnte. Er sei einfach abends in den Hotels so allein; im gleichen Atemzug sagte er: du bist hier auch allein, ich weiß. Er wollte es nicht mal beschönigen.

Er hatte mir die Perlen mitgebracht. Doppelreihig, mit diesem rosa Schimmer, wie ich sie mir gewünscht hatte. Er hatte dafür einen Kredit aufgenommen. Er war überzeugt, daß ich ihn verlassen würde, sobald ich von seiner Untreue erführe. Aber verschweigen konnte er es mir nicht. Er ist grundehrlich. Bis zur Unbarmherzigkeit. Ehrlichkeit kommt mir immer sehr brutal vor, auch egoistisch, aber das ist ein anderes Kapitel.« Sigrid hielt die Perlenkette hoch, damit alle sie betrachten konnten.

»Am späten Vormittag, nach jenem Samstag, setzten die Wehen ein. Er brachte mich in die Klinik. Er war aufgeregter als ich. Er muß sich dort wie der erste Vater aufgeführt haben! Er hat wohl wirklich geglaubt, ich würde sterben, und das sei dann seine Schuld. Unter diesen Umständen wurde Tommy, der Stammhalter, geboren. Zwischendurch habe ich immer gedacht: du mußt nachdenken! Du mußt überlegen, was du jetzt tun sollst. Du mußt Konsequenzen ziehen.

In Wahrheit mußte ich gar keine Konsequenzen ziehen. Ich mußte mich überhaupt nicht entscheiden. Ich hatte gar keine Wahl. Ich glaubte, das käme häufiger vor, daß ein Mann seine Frau betrügt, wenn sie in andren Umständen ist, die meisten erführen es nur nicht. Ich verzieh ihm. Mir war nach nichts anderm zumute als nach Verzeihen! Ich lag in der Klinik, bekam Blumen und Besuche. Ich fand mich wieder etwas hübscher, zog das Bettjäckchen an, das er mir geschenkt hatte, und: ich trug seine Perlen. Alle hielten sie für ein Geschenk zur Geburt des Sohnes. Ich entschloß mich, das auch zu tun.«

Sigrid schloß die Kette im Nacken. »Der Sohn, die hübsche junge Frau, die er verwöhnte, das trug nicht wenig zu seinem Ansehen bei. Auch sein Chef machte einen Besuch in der Klinik, und dort eröffnete er meinem Mann, daß er ihn zum Abteilungsleiter befördern wolle. ›Jetzt, wo Sie Familienvater sind!‹ dabei schlug er ihm jovial auf die Schulter. So geht das zu, Karla, genau so! Das kann man doch gar nicht trennen: hier Beruf und da Familie. Mein Mann war noch eine Weile zerknirscht, aber im Grunde war er natürlich erleichtert und nur noch verliebt in seinen Sohn. Er ging geschickter mit ihm um als ich, er badete ihn, windelte ihn.

Ich hatte nicht viel Zeit, über Ulla nachzudenken. Ulla hieß sie, sie war weit weg. Die Beförderung meines Mannes, der kleine Tommy, das lenkte mich alles ab. Die Entbindung hatte sowieso zur Folge, daß das Eheleben – ach, ihr wißt schon! Bis ich wieder soweit war, lagen Wochen dazwischen. Es war nicht vergessen, aber: es war vorüber.«

Sigrid legte eine Pause ein. »Das waren die Perlen. Perlen bedeuten Tränen, sagt man nicht so? Ich habe übrigens nicht geweint. – Oh – jetzt lüge ich! Bei der Entbindung habe ich geweint. Ob vor Schmerzen oder vor Kummer oder vor Ratlosigkeit, das weiß ich bis heute nicht. Ich weiß auch nicht, ob er dieser Ulla auch ein Geschenk gemacht hat. Kleinlich ist er nicht. Ich weiß nicht, ob ich beim erstenmal schon so gedacht habe, aber beim zweitenmal bestimmt: für die Andere, für die Freundin, die Geliebte, für die ist es viel schlimmer.

Wirklich schlimm war erst die Zweite. Was ich für einmalig gehalten hatte, passierte ein zweites Mal! Obwohl Herbert geschworen hatte, daß es nie wieder vorkommen würde. Hoch und heilig. Was zweimal passieren kann, kann immer wieder passieren. Das gehört zu meinen ureigensten Lebenserfahrungen. Sie sind allgemeingültig, nehme ich an. Oder bist du anderer Meinung, Karla? Junggesellinnen denken darüber vielleicht anders.«

Karla nahm keine Stellung, blies Ringe in die Luft und sagte lediglich: »Ich höre zu!«

»Als Tommy zwei Jahre alt war, haben wir gebaut. Herbert hatte nicht viel Zeit, sich um den Bau zu kümmern. Ich suchte die Kacheln für die Badezimmer aus, ich sprach mit dem Architekten, dem Bauführer, telefonierte, fuhr jeden Tag mit dem Bus zur Baustelle. Mein Mann versicherte mehrmals: Es ist gar nicht mein Haus, es ist nicht mal unser Haus, eigentlich ist es dein Haus! Er ließ mir freie Hand. Ich war so richtig in meinem Element. Bei mir muß es rundgehn! Am liebsten würde ich alle drei Jahre – na, sagen wir alle vier Jahre ein Haus bauen! Anstrengend war es natürlich trotzdem und Ärger gab es auch.

Ich hatte meinen lieben Mann wohl etwas aus den Augen verloren. Diesmal hieß die Freundin Sylvia und war seine Sekretärin. Das Leben ist überhaupt nicht originell. Eines Tages wollte ich Herbert in der Firma abholen. Ich hatte ihm nicht Bescheid gesagt. Sein Vorzimmer war leer. In flagranti! Wie in einem Schmierentheater! Er hatte sie auf dem Schoß! Er sagte: Tut mir leid! – Ich weiß nicht mal, zu wem er das sagte, wahrscheinlich tat es ihm wirklich leid für beide. Sie sah gut aus, war tüchtig. Er konnte sich auf sie verlassen. Sie konzentrierte sich ganz auf ihn und die Firma, wußte besser als ich, was er wann gern ißt und trinkt und raucht. Diese hundert Kleinigkeiten, wenn man täglich neun und mehr Stunden zusammen verbringt. Man kann es in jedem Ratgeber nachlesen, daß die Sekretärinnen den Ehefrauen haushoch überlegen sind. Tagsüber zumindest. Wochentags! Ihre Wochenenden möchte ich nicht haben!

Mein Mann sagte: Ich hätte es dir längst sagen müssen,

ich habe das ein paarmal versucht, aber du bist ja so mit deinem Haus beschäftigt. Wir saßen während des Gesprächs im Auto, hinten saß Tommy. Wir fuhren zur Baustelle, das Haus war unter Dach, die Inneneinrichtung ziemlich fertig. Wir hatten schon die Liste mit den Partygästen aufgestellt, die wir einladen wollten. Ich fragte lediglich. ›Wie lange?‹ Ich wollte einfach wissen, wie lange er sie schon hatte, versteht ihr? Er antwortete: ›Wie du es meinst, ein paar Wochen.‹ Ich überlegte. Tommy war ein wenig krank gewesen, er schlief nicht durch, ich mußte häufig nachts aufstehen – ihr kennt das. Ich hatte wahrscheinlich mehrmals gesagt: ›Laß doch, ich bin heute so müde‹. Auch das nicht gerade originell. Dann habe ich gefragt: ›Wie ernst ist es?‹ Er sagte: ›Ziemlich ernst.‹ – Was sollte ich denn machen? Ich fragte also weiter: ›Willst du daraus Konsequenzen ziehen?‹ Er antwortete, das wisse er noch nicht.

Äußerlich blieb ich ruhig. Ich kümmerte mich weiter um den Neubau, sorgte für Tommy und war so unbefangen wie möglich zu meinem Mann. Sollte ich leben wie eine Witwe? Er hatte seine Geliebte. Ihn hätte ich mit solchen Maßnahmen nicht getroffen, sondern nur mich selber. Warum hätte ich meine legitimen Waffen nicht gebrauchen sollen? Aus weiblichem Stolz?

Was hatte ich denn für eine Wahl? Ich konnte meinen Sohn an die Hand nehmen und sagen: Wir verlassen dich auf der Stelle! Eine imponierende Geste. Und dann? Dann war ich eine geschiedene Frau, die keinen Beruf gelernt hat, dafür um so mehr Ansprüche stellt. Die sich irgendwo eine kleine Wohnung suchen muß, ihren Sohn tapfer allein durchbringt, die lauter Notlösungen für sich und das Kind finden muß und Freundinnen hat, die auch geschieden sind. Entschuldige, Birgit! Aber du weißt doch selbst, wie das ist!«

»Ich weiß es«, sagte Birgit und errötete.

»Natürlich hätte mein Mann im Rahmen der Gesetze

angemessen für uns gesorgt. Wißt ihr, wie hoch der angemessene Satz ist? Ich mag nicht morgens um halb acht in ein Büro gehen! Sollte ich wieder Mannequin werden? Mich durchhungern, um doch immer zu klein und zu dick für die eleganten Stücke zu sein? Ich war Mitte zwanzig. Mannequin ist kein Beruf für eine Frau mit einem Kind. Und dann das Haus! Ich habe auch das Haus in meine Berechnungen einbezogen. Ich hatte es gebaut. Ich hatte jeden Bodenbelag geprüft und ausgewählt, jeden Vorhang, die Gartengestaltung. Sollte ich das alles für diese Sylvia gemacht haben? Sollten wir die Posten tauschen? Sie in meinem Haus leben, und ich irgendwo in ein Büro fahren? Und eines Tages unweigerlich die Freundin meines Chefs werden?

Darüber vergingen einige Wochen. Es kam nicht einmal zu Streit. Keine Auseinandersetzungen. Das liegt uns beiden nicht. Jeder tat, was er zu tun hatte. Herbert kam abends auch nicht besonders spät nach Hause. Er hing sehr an Tommy. Tommy ist sein Kind gewesen, von Anfang an, mehr als meines. Auch das habe ich bedacht! Wir zogen in das Haus ein. Die Einweihungsparty rückte näher. Ich fragte: ›Solltest du deine Sekretärin nicht einladen, Herbert? Man erwartet das doch wohl.‹ Er sagte: ›Wie du meinst, das überlasse ich dir.‹

Es kamen fünfzig Gäste. Ich hatte noch nie eine so große Party gegeben. Es war meine Bewährungsprobe. Ich mußte zeigen, ob ich zur Frau eines leitenden Herrn taugte. Die Party war großzügig aufgezogen, aber nicht protzig. Mein Mann sagte mehrmals zu den Gästen: ›Es ist das Haus meiner Frau.‹ Einmal sah er mir dabei direkt in die Augen. Er wurde mir plötzlich fremd. Ich spürte, daß er in jenem Augenblick seinen Entschluß faßte. Er drehte sich auf dem Absatz um und verließ den Raum. Ich hielt mich an einer Tischkante fest. Mir wurde schwindlig, ich dachte: verloren. Du hast verloren. Ich war überzeugt, daß er mir das Haus vermachen und selber weggehen wollte. Ich war drauf und dran, mit Panik zu reagieren. Ich sah ihn dann auch noch mit Sylvia tanzen. Ich lief ins Kinderzimmer, Tommy schlief nicht, ich hockte mich neben sein Bettchen, fragte, ob er gern in diesem Haus wohnen, oder ob er lieber mit mir weggehen wollte, ganz weit. Ich redete konfuses Zeug. Er verstand mich überhaupt nicht, er fing an zu schluchzen: ›Paps! Paps soll kommen!‹

Ich hätte das übrigens nie getan! Das Haus hatte nur Sinn für die ganze Familie, zur Repräsentation. Versteht mich bitte recht! Ich bin nicht so, wie es jetzt vielleicht den Anschein hat: nur auf Besitz aus. Heute sehe ich das nüchtern. Sylvia machte das großartig in der Firma. Da war sie die Maßgebliche, da war sie sicher, elegant, zuvorkommend, umsichtig, ganz unentbehrlich. Das war ihre Welt. Und das Haus und die Familie, das war meine Welt.

Herbert hat an jenem Abend den Unterschied bemerkt und sich entschieden. Für mich. Oder auch für alles das, was er erreicht hatte und was ich symbolisierte. An mir liest er seinen jeweiligen Lebensstandard ab. Er war auch diesmal zerknirscht. Er sagte wieder, daß er es nicht verstände, wo er doch in Wahrheit mich liebe. Er wechselte kurz darauf die Sekretärin.

Im Laufe der Jahre habe ich gelernt, daß das stimmt. Er liebt mich. Nur eben auf seine Weise. Er ist anhänglich. Er kann sich ein Leben ohne mich wohl wirklich nicht vorstellen. Viel Phantasie haben wir übrigens beide nicht. Die Affäre Sylvia brachte mir die Ohrringe ein, genau zur Kette passend, sieh sie dir an, Karla! Selbst der rosige Schimmer der Perlen ist der gleiche!«

Sigrid nahm die Ohrringe, einen nach dem anderen, betrachtete sie eine Weile und schraubte sie wieder an den Ohrläppchen fest. »Jetzt hatten wir einen Sohn und ein Haus und ein Auto, und ich hatte die Perlenkette und die Ohrringe. Das nächste war diese Armbanduhr. Oder Marie. Schuld daran war der Zweitwagen. Unser Haus liegt am Stadtpark. Erinnerst du dich an die Gegend, Karla?

Weit außerhalb der Stadt. Ich habe eine ganz trockene Kehle, Marianne! Bitte, gieß mir noch ein Glas ein!«

Marianne füllte die Gläser nach, Zigaretten wurden angesteckt; alle rauchten mehr als sonst. Dann warteten sie, daß Sigrid weitererzählte.

Sigrid ließ die kleine, brillantbesetzte Armbanduhr pendeln und fuhr fort: »Marie war Französin. Eine blonde Pariserin! Sie waren übrigens alle blond. Herbert hat sich auf einen einzigen Typ festgelegt. Marie war Mitarbeiterin der französischen Niederlassung von Herberts Firma. Er hatte oft in Paris zu tun, sie kam aber auch nach Deutschland. Ich kannte sie flüchtig von einer Party. Ich machte damals gerade den Führerschein. Es ging nicht ohne einen zweiten Wagen. Ich brauchte ihn zum Einkaufen. Tommy mußte in den Kindergarten gebracht werden, wir bekamen keine Putzhilfe, wenn wir sie nicht mit dem Auto von der Bushaltestelle abholten. Zu Fuß war alles viel zu weit. Im Anfang nahm ich das Fahrrad, bis das nicht mehr standesgemäß war. Ich tat mich schwer! Ich kann nämlich nicht rechts und links unterscheiden. Wenn der Fahrlehrer, ›Links einbiegen!‹ sagte, bog ich unweigerlich rechts ein, und manchmal war da überhaupt keine Straße, sondern nur eine Toreinfahrt. Ich hatte nichts anderes im Kopf als die Straßenverkehrsordnung. Ich sah nur noch Ampeln und Vorfahrtsschilder und lag mit Tommy auf dem Teppich und spielte mit seinen Autos Straßenkreuzung. Er kannte die Autotypen, besser als ich. Als ich diese bezaubernde Marie wahrnahm, hatte ich den Führerschein bereits erworben. Zweimal bin ich durch die Prüfung gefallen! Heute fahre ich besser als mein Mann. Wir fuhren im Mai mit Tommy nach Südfrankreich. Juan-les-Pins, das war damals en vouge. Ich wundere mich, daß mir überhaupt aufgefallen ist, daß ich Marie schon mal gesehen hatte, als wir ihr zufällig auf der Strandpromenade begegneten. Herbert ist ein miserabler Schauspieler. Er fing an mit: ›Was für ein Zufall‹ und: ›Wie charmant! Wie schön für meine Frau!‹

Plötzlich hörte ich die falschen Töne und sagte, ganz ruhig, ganz gelassen: ›Laß das, ich weiß Bescheid.‹

Das war schon genug. Wenn ich es erst mal wußte, war eine Affäre ziemlich bald zu Ende. Es wird Maries Idee gewesen sein, daß die Idylle an der Riviera fortgesetzt werden könnte. Inzwischen hatte ich dazugelernt. Ich freundete mich mit Marie an. Ich konkurrierte mit ihr an Eleganz, an Charme. Der arme Herbert war völlig verwirrt. Wir tanzten abwechselnd mit ihm, legten ihm abwechselnd die Arme um den Hals, machten ihm kleine Überraschungen. Ich hab's noch im Ohr, wie sie ›Erbert‹ flüsterte. Marie und ich gingen Arm in Arm, Herbert hinterher, mit Tommy an der Hand. Bis er das satt hatte. Bis eines Morgens Marie abgereist war.

Am selben Nachmittag fuhren wir nach Cannes, bummelten durch die Straßen, blieben vor einem Juweliergeschäft stehen, und Herbert sagte: ›Es ist wohl mal wieder an der Zeit, dir ein Geschenk zu machen, Siggi!‹ Wir sahen uns an und – ob ihr das nun glaubt oder nicht: wir haben gelacht, erst ein bißchen verkrampft und dann richtig laut. Wie zwei Komplicen! Wir sind in das Geschäft gegangen, und ich habe mir die teuerste Uhr ausgesucht, die überhaupt im Laden war. Aus Rache? Aus Triumph? Was weiß ich! Die Motive gehen doch immer durcheinander.«

Sigrid schloß das Sicherheitskettchen an der Uhr.

»Wir waren damals so etwa fünf oder sechs Jahre verheiratet. Ich näherte mich den Dreißig. Ich wollte nicht nur ein Kind haben. Ob ich Herbert fester an mich binden wollte? Vielleicht! Aber es hatte auch einen anderen Grund. Ich wußte inzwischen, was ich kann. Einen Haushalt führen, ohne viel Aufhebens, Kinder kriegen und groß ziehen, Feste veranstalten, bei denen sich die Gäste wohlfühlen. Warum sollte ich diese Fähigkeiten nicht nutzen? Das ist meine Welt.

Dieser Ring hier, der heißt Anne, und dieser heißt Ossi. Es gibt zu Hause noch einige weitere Schmuckstücke. Auf die gleiche Weise erworben, Karla! Wiedergutmachung. Das Vermögen bleibt in der Familie, so nennst du das doch? Ich muß euch die Affären nicht in allen Details erzählen. Herbert ›braucht‹ das. In Abständen. Es pulvert ihn auf. Er muß hart arbeiten, je weiter er nach oben kommt, desto angespannter. Er braucht immer eine Freundin, die ihn bewundert. Er ist mir nicht treu, stimmt! Aber: Er hängt an seinen Kindern, er fühlt sich wohl in unserem Haus. Manchmal arbeitet er im Garten. Er bastelt mit Tommy, spielt mit den Kleinen, und ob ihr das nun glaubt oder nicht: Er liebt auch mich.«

Inzwischen hatte Sigrid ihren Schmuck wieder angelegt, holte den Spiegel aus der Handtasche, und kontrollierte ihr Make-up.

»Sehr schöne Trophäen, Sigrid«, versicherte Karla anerkennend. »Untreue macht sich bezahlt, das ist doch wohl die Moral deiner Geschichte? Gold- und Platinplomben für eine schadhaft gewordene Ehe.«

»Warum bist du so zynisch, Karla?« fragte Marianne.

»Moment, Marianne, ich habe noch was zu sagen.« Sigrid fiel ihr ins Wort. »Vielleicht kannst du das mal in einem deiner klugen Artikel verwenden, Karla. Ehefrauen sind nämlich gar nicht so töricht, wie du meinst. Sie wissen ziemlich gut Bescheid. Mein Mann ist mir nicht treu, aber er liebt mich. Damit habe ich mich abgefunden. Ob nun leicht oder schwer, das geht euch nichts an, das ist meine Sache. Ich bin ihm treu. Vom ersten Tag unserer Ehe an, war ich ihm treu. Großartig, was? Sehr tugendhaft! Aber es fällt mir nicht schwer, ihm treu zu sein. Treue ist keine Frage des Charakters, denke ich manchmal, sondern des Temperaments. Mein Bruder ist Arzt, der behauptet allen Ernstes: Treue hat mit der Schilddrüsenfunktion zu tun. Chemie! Ich habe meinen Mann gern, ich respektiere ihn. Ich liebe das Leben, das er mir bietet, diesen Rahmen, den er mir verschafft und der mir steht. Aber ihn, diesen speziellen Menschen, diesen Mann mit Namen Herbert, den liebe ich nicht. Zumindest nicht genug.« Nach einer Pause: »Seine Liebe und meine Treue, das hält unsere Familie zusammen.«

»Bravo!« Karla klatschte in die Hände.

»Laß das doch bitte!« sagte Jutta. »Dazu ist es doch viel zu ernst für Sigrid, siehst du das nicht?«

Sigrid stand auf: »Ich gehe mal einen Augenblick nach draußen, Marianne!«

»Wenn du dich frisch machen willst, die Tür gegenüber, ich hoffe, daß die Jungs –«

»Laß doch! Wir kennen doch Badezimmer.«

»Aber bei dir gibt es jemanden, der aufräumt, Sigrid!« sagte Karin.

»Dafür sind es bei mir vier, die ihre Sachen herumwerfen.«

»Wollt ihr jetzt wirklich über Badezimmer reden?« Jutta war hastig aufgestanden und fragte: »Kann ich das Fenster aufmachen? Es ist so rauchig.«

Karla erkundigte sich teilnahmsvoll: »Du wirkst so verstört, was ist los? Worüber sprecht ihr denn sonst?«

Karin antwortete, nicht Jutta: »Über deine Frauenfragen! Zum Beispiel über Mengenlehre. Und: Ob man wieder berufstätig werden soll, wenn die Kinder größer sind, und manchmal eben auch über den Zustand unserer Badezimmer! Das sind vermutlich nicht deine Probleme. Du schreibst nur drüber. Und wir müssen sie leben.«

Marianne versuchte zu vermitteln. »Warum bist du so scharf, Karin? Was soll Karla denn von uns denken.«

»Mein Teil! Ich denke mir mein Teil!« Karla lachte. »Entschuldigt euch doch nicht immer! Bisher war dies doch eine großartige Veranstaltung. Ich habe mich glänzend unterhalten. Das paßte doch alles haarscharf ins Bild. Sigrid und ihr goldener Rahmen, nicht mal Blattgold, sondern massiv!«

»Hör mal«, unterbrach Marianne sie, »das tun wir nie,

das haben wir bis heute nie getan! Über eine von uns reden, wenn sie nicht im Zimmer ist.«

»Wie moralisch!«

»Sag das doch nicht so verächtlich! Wir halten es für eine gute Abmachung.« Juttas Stimme klang ungewohnt heftig.

»Natürlich ist das gut! Moralisch ist immer gut! So warst du schon mit zwölf, Jutta! Nicht einmal eine Notlüge hast du zugelassen, warst du nicht sogar Klassensprecherin?«

Jutta zog es vor zu schweigen.

Als Sigrid wieder ins Zimmer kam, schwiegen immer noch alle. »Sprecht ihr gerade über die Ehe der Budas?«

Ein vierstimmiges: »Nein!«

»Wenn eure Waage stimmt, Marianne, dann war meine Geschichte 600 Gramm schwer. Ohne meine Trophäen! Die habe ich vorher abgelegt. Ich habe mich gewogen. Es heißt doch immer, daß Aufregungen zu Gewichtsabnahmen führen. Man kann das Schicksal also auch wiegen, das zumindest habe ich heute dazugelernt.« Sie lachte, demnach hatte sie ihr seelisches Gleichgewicht wiedergefunden. Die anderen lachten mit, aber es war kein befreiendes Lachen.

»Welches war mein Glas? Hast du nachgegossen? Wißt ihr überhaupt, wieviel Kalorien ein Glas Sekt hat? Dies ist auch noch ein süßer! Kalorienzufuhr durch Sekt, Kalorienabbau durch Geständnisse, das müßte mal jemand ausrechnen. Karin! Kann man das mit Hilfe der Mengenlehre? Du warst doch immer so gut in Mathematik.«

Karin ging auf Sigrids Ton nicht ein, sie gedachte nicht, über Mengenlehre zu sprechen. Blicke gingen hin und her, blieben auf dem schweren goldenen Armreif an Birgits Arm hängen, an Karins Jadeohrringen, an Juttas altmodischem Ring mit der Gemme. Und natürlich auch an Karla, die keinerlei Schmuckstücke trug, nicht an Händen, Armen, Hals. Das wirkte provozierend. Scheinbar heiter konstatierte Sigrid: »Zwischen uns siehst du aus wie eine Nudistin!«

Ein Geständnis zieht das andere nach sich, unweigerlich. Indiskretion breitete sich aus wie eine Viruserkrankung, keine war dagegen immun, wie sich herausstellte.

Woher stammte Birgits Armband? Von ihrem geschiedenen Mann? Zum Abschied? Belohnte Treue? Oder ein Geschenk der Reue? Warum war sie vorhin über und über errötet? Warum war Jutta aufgesprungen und dann am Fenster stehengeblieben, mit dem Rücken zum Zimmer? Hatte sie was zu verbergen?

Plötzlich Neugierde. Eine belauerte die andere.

Karla klopfte mit ihrer Zigarettenspitze ans Glas. »Also –? Wer jetzt? Wir machen doch weiter? Jedes Schmuckstück hat seine Geschichte. Ein Gesellschaftsspiel, ich werde es einführen! Seht euch mal Juttas Hände an! Die zittern doch. Zieh den Ring nicht ab! Wir haben ihn alle gesehen! Ach, und die kleine Birgit, wie verlegen sie wird! Die einzige, die ruhig bleibt, ist unsere brave Marianne! Los! Wer macht weiter? Wollen wir losen? Oder nach dem Alphabet?«

»Wenn es nach dem Alphabet geht, kommt Birgit dran.«

Karla setzte sich bequem in ihrer Sofaecke zurecht, blies einen tadellosen Ring aus Rauch: »Also, wir hören!«

Sigrid forderte Birgit auf, das Corpus delicti auf den Tisch zu legen. Sie tat es zögernd. Sigrid hob den Armreif hoch, und sagte abschätzend: »Das sind mindestens 200 Gramm, die du da mit dir herumschleppst. Pures Gold! Wem warst du soviel wert? Gestehe!«

»Zeig mal her«, Karin griff nach dem Armband, »da steht doch was. Darf ich lesen, Birgit? Laut?«

Birgit nickte.

»In Dankbarkeit H. B.«

»Nein«, verbesserte Birgit, »H. P., die Gravierung ist wohl schon verwischt. Ich trage das Armband ja täglich.«

»Wie heißt die Jahreszahl«, fragte Karin, »1958? Das ist ja eine Ewigkeit her!«

Fragen von rechts und von links.

»H. P.? Sind das die Initialen deines geschiedenen Mannes?«

»Nein!«

»Aber 1958 mußt du doch noch verheiratet gewesen sein!«

»Nein! Das war ich nicht.«

»Birgit! Als du 1959 zurückgekehrt bist, warst du frisch geschieden, das weiß ich doch ganz genau!«

»Nein!«

»Nehmt Birgit doch nicht ins Kreuzverhör!«

Auch Jutta mischte sich ein. »Ich erinnere mich auch! Karin hat recht. Ich habe dich damals als erste getroffen, es muß im Mai gewesen sein, und damals habe ich dich aufgefordert, zu unseren Donnerstagnachmittagen zu kommen. Ich war noch nicht einmal verheiratet, und du warst bereits geschieden. Das hat mir irgendwie imponiert. Und dann tatest du mir auch wieder leid mit dem kleinen Kind. Deine Sibylle war noch nicht mal ein Jahr alt und dann zurück zur Mutter.«

»Das stimmt ja auch alles, mit meiner Mutter und mit dem Kind.«

»Jetzt wird's aber spannend!« Sigrid hielt das Armband hoch und sagte: »Angeklagte, ich frage Sie: ›Wer war H. P.?‹« Sie schob das Armband zu den übrigen Armbändern. »Am liebsten würde ich zwanzig Armbänder übereinander tragen, wie eine Hindu-Frau.«

»Zulu-Frau!« verbesserte sie Marianne. »Du meinst doch bestimmt Zulu-Frauen.«

»Auch gut! Wo hast du nur die viele Bildung gelernt, Marianne?« Sigrid schüttelte ihre hübschen Arme und ließ Reifen und Ketten aneinanderklingeln. »Ich bin gespannt, Birgit! Hast du ihm lange nachgetrauert – deinem H. P.? Hast du seinetwegen nicht wieder geheiratet? Ich erinnere mich jetzt genau an den Nachmittag, als du auftauchtest. Geheimnisumwittert! Und leidüberschattet! Es stand dir großartig! Aber du mußt doch zugeben, daß wir nie gefragt haben. Wir haben deine Schweigsamkeit und Trauer respektiert. Marianne! Gieß mir noch ein paar Kalorien ein! Aufregung macht durstig. Ich berste vor Neugierde. Unsere hübsche Birgit! Wißt ihr noch, wenn sie die unregelmäßigen französischen Verben nicht aufsagen konnte? Dann stellte sie Tränen in Perlengröße her und ließ sie langsam über die Backen rollen. Und unser guter ›Monsieur‹ zerschmolz! Du warst damals die Hübscheste von uns, das ist sicher.«

»Das ist sie heute noch!« fand Jutta.

»Aber genutzt hat es ihr nichts!« stellte Karin fest. »Sie hat es doch am schwersten von uns. Ich möchte jedenfalls keine Jugendbücherei leiten! Und wenn ich heute mit meiner Mutter zusammenleben müßte – bei aller Liebe!«

»Angeklagte, ich frage nochmals: Woher stammt dieses Armband? Und wer war H. P.?«

Alle Blicke richteten sich auf Birgit. Aber Birgit blickte keinen an, starrte stattdessen auf Van Goghs ›Brücke bei Arles‹, die an der gegenüberliegenden Wand hing. »Seinen Namen werdet ihr nie erfahren! Nie! Es muß bei H. P. bleiben. Er ist tot. Im vorigen Jahr ist er gestorben.«

»Ein Unfall?« fragte Jutta.

Birgit schüttelte den Kopf. »Nein. Herzinfarkt. Er war achtundsechzig.«

»Er hätte ja dein Vater sein können!« Karins Stimme klang vorwurfsvoll.

Birgit gab es zu: »Ja, er hätte mein Vater sein können. Ich habe ihn wohl auch wie einen Vater geliebt, zunächst wenigstens.« Ihr hübsches ebenmäßiges Gesicht, das ein paar Minuten lang einen ungewohnten Zug von Entschlossenheit gezeigt hatte, entspannte sich wieder. »Ich weiß nicht, ob ihr euch erinnert: Mein Vater war seit Januar 1942 vermißt. Ich war damals acht Jahre alt. Ich kannte ihn kaum. Ich glaube aber, daß ich ihn mehr vermißt habe als meine Mutter es tat. Nach dem Abitur ging ich nach Köln, das wißt ihr vielleicht noch. Ich wollte Bibliothekarin werden, das stand seit langem fest. Ich habe diesen H. P. im Lesesaal der Bibliothek kennengelernt, an der ich volontierte. Er kam häufig vorbei, um etwas nachzuschlagen. Ich machte oft Lesesaalaufsicht. Da er wenig Zeit hatte, legte er mir manchmal einen Zettel mit Fragen hin oder sagte: ›Suchen Sie mir das doch mal heraus, Kindchen, ich komme morgen vorbei.‹ Ich gab mir natürlich Mühe, daß ich die gewünschten Zitate fand. Manchmal suchte ich stundenlang. Er lobte mich: ›Sehr gut, Kindchen!‹ Er lobte mich auch vor meinem Chef. Ich sei sehr gewissenhaft. Ich hätte eine rasche Auffassungsgabe. Ich war nicht mit Lob verwöhnt! In der Schule war ich mehr getadelt worden als gelobt, und meine Mutter fand, daß Strenge das wirksamste Erziehungsmittel sei. Sie wollte mir ja immer den Vater ersetzen, dadurch hatte ich nicht mal eine richtige Mutter. Von ihm wurde ich zum erstenmal gelobt. Das spornte mich an. Ich las die Bücher, aus denen ich etwas herausgesucht hatte. Ich fing an zu büffeln. Damals war ich noch Volontärin. Ich mußte anschließend für 3 Semester zur Büchereischule. Ich konnte aber weiterhin stundenweise an der Bibliothek arbeiten. Ich bekam ein Taschengeld. Meiner Mutter fiel es schwer, meine Ausbildung zu finanzieren.

H. P. richtete es so ein, daß er immer an den Tagen die Bibliothek aufsuchte, an denen ich abends Lesesaalaufsicht hatte. Die Listen mit seinen Fragen wurden länger, die Fragen komplizierter. Er schlug vor, daß er mir meine Ausarbeitungen honorieren wollte. Er traf mit dem Direktor eine Vereinbarung, daß ich diese Arbeiten außerhalb der offiziellen Dienststunden erledigte. Wir saßen jetzt öfter mal eine halbe Stunde zusammen im Zeitschriftenlesesaal. Die Gespräche blieben aber immer sachlich. Dann wurde er MdB! Ich hatte es in der Zeitung gelesen, ich gratulierte ihm. Ich war wahnsinnig stolz. Plötzlich sagte er: ›Wollen wir zwei das nicht feiern, Kindchen? Sie sind mir sehr hilfreich, Sie haben ein beachtenswertes Einfühlungsvermögen.‹

Er lud mich zum Essen ein. An diesem Abend sah er mich wohl zum erstenmal richtig an. Wir saßen uns gegenüber, sonst hatten wir immer gemeinsam in ein Buch geblickt. ›Sie sind nicht nur ein gescheites Mädchen, Sie sind ja auch hübsch!‹ Ich errötete. Das passiert mir heute noch, wenn man mir ein Kompliment macht. ›Und jung!‹ fügte er hinzu. Er sagte das, als ob es ebenfalls ein Kompliment sei. Wenn man über Fünfzig ist, ist ›jung‹ vermutlich ein Kompliment.

Er nannte mich weiterhin ›Kindchen‹. Er hat überhaupt nur ein einziges Mal ›Birgit‹ zu mir gesagt. Er zeichnete seine Zettel immer mit ›H. P.‹ ab. Ich nannte ihn deshalb Hape. Ich verdanke es ihm, daß ich ein so gutes Examen gemacht habe. Er spornte mich an. Ich beschäftigte mich mit seinem Sachgebiet, der Soziologie. Er arbeitete damals über das Generationsproblem. Er hat viele seiner Theorien an mir ausprobiert. Der Begriff der ›skeptischen Generation‹ kam damals gerade auf. Ich war für ihn eine ›Vertreterin der vaterlosen Gesellschaft‹. Er erprobte an mir die Möglichkeiten der Verständigung zwischen einem männlichen Mitglied der älteren Generation und einem weiblichen Mitglied der jungen Generation aus.« Birgit machte eine Pause.

Sigrid sagte: »Du holst aber weit aus.«

»Dich haben wir auch nicht unterbrochen!«

»Soll ich weiter erzählen?«

»Natürlich sollst du!«

»H. P. war für mich gleichzeitig Vater und Lehrer und Chef. Das blieb er, während all der Jahre. Versteht ihr? In erster Linie.«

Birgit sah die anderen nacheinander eindringlich an. Sie wollte kontrollieren, ob sie überhaupt verstanden würde. Dann fuhr sie fort: »Auch als ich seine Freundin wurde. Ich war bis dahin nicht einmal in irgendeinen anderen Mann verliebt gewesen. Er war der erste. In allem! Der erste Kuß. Die erste Umarmung. Stellt ihn euch nicht alt vor! Sein Kopf war jung und rasch. Sein Körper war es auch. Ich hatte es ihm vorher nicht gesagt. Er war bestürzt, aber auch beglückt. ›Virgo intacta! Ein Wunder‹, sagte er, ›für einen Mann ist das ein unerhörtes Wunder, das wird eine Frau nie begreifen. Du machst mich sehr glücklich.‹ Später konnte ich das dann in einem seiner Aufsätze lesen: ›Das gibt es auch heute noch: das hübsche junge Mädchen, mit gesunden modernen Ansichten, das erst jenem Mann ihren Körper überläßt, dem Herz und Kopf bereits gehören.‹

Er war zärtlich, gütig und: ungestüm, und ich war schüchtern und scheu, vielleicht hatte meine Mutter mich auch ein wenig männerfeindlich erzogen, um mich zu schützen. Diese ganze falsche und auch die echte Scham trieb er mir aus. Manchmal faßte er mich bei den Schultern und schüttelte mich. ›Du bist jetzt ein fertiger Mensch, eine richtige Frau, wir müssen das Kind aus dir herausschütteln.‹ ›Mein Geschöpf‹, das hat er oft gesagt. Dieses Gefühl war auch für ihn neu, das hatte er noch nie empfunden. ›Du bist in einem ganz tiefen Sinn *›mein‹*.‹ Genauso empfand ich es selbst: ich gehörte ihm. Während ich in keinem Augenblick das Umgekehrte empfand, daß er mir gehörte.

Er hat mich nie irgendwelchen peinlichen Situationen ausgesetzt. Er handhabte das souverän. Meist fuhren wir gegen zwei Uhr nachts zurück. Nie hat er gesagt, daß er gern die ganze Nacht mit mir verbringen würde, und ich habe nie darum gebeten. Wir trennten uns nicht gern, aber wir respektierten, daß es nötig war. Nie hinterließ ein Zusammensein mit ihm ein Schuldgefühl in mir. Ich wurde geliebt. Ich fühlte mich beglückt. Weitere Ansprüche stellte ich nicht. Er gab dem Nachtportier im Hotel kein Trinkgeld, was die Situation peinlich gemacht hätte. Wir freuten uns auf unsere Abende, wir genossen sie und: trennten uns. Das Essen in einem gutgeführten Restaurant, die

Gespräche beim Wein, das war ihm alles ebenso wichtig. Er verstand sich auf Harmonie, auf Übereinstimmung, auch in den Details. Besonders in den Details.

Er sprach nur selten von seiner Familie. Er nannte sich dann den ›Ernährer‹ oder das ›Haupt des Klans‹. Ich erinnere mich, daß er an einem Abend sagte: ›Ich sehe Großvaterfreuden entgegen!‹ Er konnte von dem Thema nicht loskommen. Er sagte mehrmals: ›Ich fühle mich keineswegs wie ein Großvater! Sehe ich aus wie ein Großvater?‹ fragte er. Er entwickelte mir eine Theorie, nach der es im Leben des Mannes zu einer echten Krise kommen könnte, wenn er Großvater würde – es sei denn, es gäbe für ihn ein Gegengewicht. Er rücke eine Generation auf. H. P. hatte das Gefühl, erst jetzt, mit fünfzig, den Höhepunkt erreicht zu haben. Als Wissenschaftler, aber auch als Mensch und als Mann.«

Birgit machte wieder eine Pause, diesmal sah sie niemanden an. Sie wirkte gleichzeitig konzentriert und entrückt.

»Später habe ich manchmal gedacht, ob an diesem Abend –« Der Satz blieb unvollendet. »Im November stand dann fest, daß ich ein Kind bekommen würde. Ich zögerte eine Aussprache hinaus. Ich wußte nicht, wie er es aufnehmen würde. Es schien mir auf irgendeine Weise meine Privatangelegenheit zu sein; über mich sprachen wir eigentlich nie. H. P. war in jenen Wochen meist in Bonn. Er telefonierte, hatte Literaturwünsche, konnte aber nicht selbst vorbeikommen. Er ließ die Bücher durch einen Boten abholen. Schließlich legte ich ihm einen Zettel in eines der Bücher, es seien Rückfragen nötig, er möge mich bitte anrufen. Ich schrieb meinen Namen neben den Stempel der Bibliothek. Ich habe ihn weder dienstlich noch privat je von mir aus angerufen. Es verging eine weitere Woche, bis er eines Abends in den Lesesaal kam. Er nickte mir flüchtig zu, das taten alle Besucher, die mich kannten, und ging in den Zeitschriftenraum. Nach einiger Zeit griff ich mir ein Buch und folgte ihm. Es waren zwei oder drei Leser im Raum. Es ist üblich dort zu flüstern. Ich sagte leise: ›Ich muß dich sprechen, Hape!‹ Er sah mich prüfend an, hob die Augenbrauen. Er hatte buschige, dunkle Brauen. Ich errötete. Er wußte sofort Bescheid. Er legte mir die Hand auf die Schulter. ›Natürlich, Kindchen! Wir müssen darüber sprechen. Du kannst dich völlig auf mich verlassen.‹ Er sah in seinem Terminkalender nach. ›Nächste Woche können wir uns sehen, vielleicht Dienstag, ist das früh genug?«

Karin unterbrach: »Ich glaube, ich weiß, wer es ist!«

Ausgerechnet Sigrid sagte scharf: »Dann behalt es für dich!«

Birgit sah von einer zur anderen, fuhr dann fort: »Es ging mir in den ersten Wochen ziemlich schlecht. Ich blieb ein paar Tage zu Hause. Zu Hause! Das war mein möbliertes Zimmer in Nippes, eine ziemlich üble Gegend. Ich mußte vermeiden, daß meine Wirtin oder meine Kolleginnen etwas merkten. Eine Ärztin schrieb mich für kurze Zeit krank. Kreislaufschwäche konnte man mir schon damals ohne Untersuchung mit gutem Gewissen bescheinigen. Ich lief stundenlang am Rhein entlang, um nachzudenken. Er hatte gesagt: Du kannst dich völlig auf mich verlassen! – Was hatte ich mir denn vorgestellt? Daß er sich meinetwegen scheiden lassen würde? Daß wir heiraten würden? Heute ist mir das unverständlich, aber in jenen Novembertagen habe ich mir alle nur denkbaren Illusionen gemacht.«

»Lieber Himmel!« entfuhr es Sigrid, »ich ahne alles!«

»H. P. hatte die Tage, in denen wir uns nicht sahen, dazu genutzt, ›alles in die Wege zu leiten‹, wie er sagte. Wir waren hingefahren, wohin wir immer fuhren. Nach außerhalb. Wir aßen *ausgiebig* zu Abend. Er war ein Gourmet. Er besprach die Speisefolge mit dem Besitzer des Restaurants, ließ sich gelegentlich auch den Koch kommen, um ihm Vorschläge zu machen, welchen Sherry er an die

Bouillon geben solle. Es war für mich eine ganz neue Welt. Ich war nicht verwöhnt. Ich habe es genossen, und das gefiel ihm. Wie Cinderella, das Aschenputtel. Er war dort bekannt. Er konnte mit Diskretion rechnen. Die Mahlzeiten wurden zelebriert, auch diesmal. Aber diesmal konnte ich vor Aufregung kaum etwas essen. Als der Koch die Süßspeise am Tisch flambierte, wurde mir übel. Ich mußte die Toilette aufsuchen. Ich sah wohl sehr blaß aus, als ich wieder an den Tisch kam. Er legte mir die Hand auf den Arm: ›Das ist bald vorüber, Kindchen!‹ Er war mir auch diesmal überlegen. Er kannte alles schon. Er sah meine Schwangerschaft als ein Problem der möglichen Verhaltensweise an. Er zündete sich umständlich seine Zigarre an, trank mit Behagen seinen Cognac. Ich saß immer noch vor meinem Glas Tee. ›Du hast doch gewiß noch ein paar Tage Urlaub zu bekommen?‹ fragte er. Für die Dauer eines Herzschlags dachte ich: er will mit mir wegfahren, wir machen ein paar Tage Ferien. Ich nickte. ›Du solltest dir vielleicht noch zusätzlich eine Woche Urlaub für das nächste Jahr geben lassen!‹ Vor Glück und Erleichterung sprangen mir Tränen in die Augen, und ich spürte, wie sie langsam über mein Gesicht liefen. Ich lächelte und sah ihn überhaupt nicht mehr. Er streichelte meinen Arm, zog dann einen Zettel aus seiner Brieftasche und sagte: ›Hier ist die Adresse.‹ Er hatte bereits mit dem Arzt telefoniert. Ich würde dort in den besten Händen sein. ›Du solltest aber nicht zu lange warten, Kindchen‹, fügte er hinzu. ›Ich habe dir doch gesagt, du kannst dich auf mich verlassen. Natürlich greift dich das alles an, das ist verständlich. Du bist jung. Ich begreife das alles!‹ Er habe mit diesem Arzt bei einer anderen Gelegenheit schon einmal zu tun gehabt, sagte er, er sei wirklich die Zuverlässigkeit in Person. ›Du mußt dich zusammennehmen, Birgit! Du kannst hier nicht im Restaurant weinen! Wir werden jetzt einen kleinen Spaziergang machen, und dann fahre ich dich nach Hause. Wenn diese Sache vorbei ist und du wieder in Ordnung bist – du wirst sehen, Kindchen, wir wollen doch kein Aufsehen erregen! Du mußt ein wenig Rücksicht auf meine Stellung nehmen!‹ Er reichte mir einen Umschlag. Der Betrag würde ausreichen, er sei großzügig bemessen. Diese Schweizer Ärzte ließen sich das natürlich bezahlen. Aber man sei dort großzügiger als bei uns. ›Was die Gesetzmäßigkeit anbelangt, kannst du ganz beruhigt sein!‹

Er hat gütig und lange auf mich eingeredet. Ich hörte schließlich auf zu weinen. Wir machten den Spaziergang. Er fuhr mich nach Hause und parkte wie immer 200 Meter von dem Haus entfernt, in dem ich wohnte. Wir nahmen wie immer Rücksicht auf seine Stellung.

Eine Woche später bin ich in die Schweiz gereist. Ich tat, was H. P. mir vorgeschlagen hatte. Es war ein Vorschlag. Daß ich darauf einging, bestätigte seine Theorie von der jungen Generation, die vorurteilsfrei sei, nüchtern mit den Gegebenheiten fertig würde, unsentimental –.

Ich suchte den Arzt auf, der in einer Privatklinik eine kleine chirurgische Station hatte. Er war zurückhaltend, aber verständnisvoll. Er untersuchte mich. Er sagte, es sei zwar spät, aber doch nicht zu spät. Er erkundigte sich auch nach H. P. Er erinnerte sich genau. Er hätte ihm früher schon einmal behilflich sein können. Er läse seinen Namen jetzt häufig in der Zeitung. ›Ein beachtenswerter Mann‹, sagte er, und ich war irgendwie stolz. Er telefonierte mit seiner Stationsschwester. Der Eingriff sollte bereits am nächsten Morgen gemacht werden, ich sollte um 9 Uhr, nüchtern, in der Klinik sein. Er würde mich dann allerdings gern acht bis zehn Tage zur Kontrolle dabehalten.

Ich habe mir noch am selben Abend die Klinik von außen angesehen, einige Fenster waren erleuchtet. Ich dachte: Morgen abend liegst du dort. Ich habe nicht mal an das Kind gedacht, ich hatte nur plötzlich das Gefühl, man dürfe sich nicht gegen sein Schicksal auflehnen. Meine Mutter hat mich so erzogen. Man muß das Schicksal akzeptieren, sagt sie immer. Vielleicht hatte ich auch einfach nur Angst.

Ich bin abgereist, noch mit dem Nachtzug. Ich fuhr nach Hause, hierher, zu meiner Mutter. Unser Verhältnis war bis dahin nicht sehr gut. Ich ahnte nicht, wie sie es aufnehmen würde. Ich hatte ihr nie von H. P. erzählt oder geschrieben. Sie hatte mich manchmal gefragt, ob ich denn keinen Freund habe, und gesagt, das sei doch nicht normal bei einem hübschen jungen Mädchen.

Ich mußte es riskieren. Ohne ihre Hilfe würde ich nicht durchkommen. Meine Mutter ist eine merkwürdige Frau. In kleinen Dingen ist sie streng, auch intolerant, aber wenn es drauf ankommt, ist sie großartig. Sie hat sich selbst einmal eine ›Katastrophenfrau‹ genannt. Für gute, gesicherte Zeiten ist sie viel weniger geeignet. Sie hat nicht einmal viel gefragt. Als ich sagte, ich würde ihr und niemanden sagen, wer der Vater sei, hat sie mich prüfend angesehen und lediglich gefragt: Er ist in Ordnung? Ich habe ihr geantwortet, daß er der bedeutendste Mensch sei, den ich je kennengelernt hätte. Mit der Schweiz, das weiß sie bis heute nicht. Meine Mutter weint selten, sie ist nicht wie ich. ›Mein kleines Mädchen!‹ hat sie gesagt, ›ich werde doch mein kleines Mädchen nicht im Stich lassen.‹

Sie hat nicht gefragt, ob ich das Kind haben wollte. Das war für sie keine Frage. Es mußte jetzt ein Weg gefunden werden, der für uns alle gangbar war. Sie hat immer viel auf ihren guten Ruf gegeben. Sie hat nie Männerfreundschaften gehabt, obwohl sie kaum dreißig war, als die Nachricht kam daß mein Vater vermißt wäre. Für sie war das Hauptproblem, was die Leute sagen würden. Aber es war auch eine Geldfrage. Sie bekam eine sehr kleine Pension, Vater war ja, als der Krieg anfing, noch Assessor gewesen. Sie hat immer dazuverdienen müssen. Einen Beruf hatte sie nicht gelernt. Sie hat lange Jahre in der Registratur des Katasteramtes gearbeitet. Darum war es für sie so wichtig, daß ich eine gute Berufsausbildung bekam, es sollte mir nicht einmal so ergehen können wie ihr. Sie machte mein Schicksal zu ihrem eigenen. Wir bekamen beide dieses Kind, nicht ich allein. Sie traf alle Entscheidungen, und ich brauchte sie lediglich auszuführen. Die 5000,– DM von H. P. waren eine große Erleichterung für uns. Sie hat sich nie darüber gewundert, daß er mir ein Geldgeschenk machte. Sie beschloß, daß ich noch drei Monate in Köln arbeiten könnte, dann sollte ich ›aus persönlichen Gründen‹ kündigen. Sie riet mir, häufig zum Tanzen zu gehen, mich unauffällig zu benehmen, dann würde niemand etwas vermuten. Sie rechnete damit, daß ich ein gutes Zeugnis bekommen würde und dann – nach einer Pause – hier eine Anstellung an der Bibliothek fände. Sie übernahm es, eine private Entbindungsanstalt ausfindig zu machen, wo ich unser Kind bekommen konnte. Sie sagte damals schon ›unser Kind‹. Ich kehrte also nach diesem kurzen Urlaub nach Köln an meinen Arbeitsplatz und in mein Nippes-Zimmer zurück. Wenige Tage später sah ich H. P. in der Bibliothek. Wir standen ein paar Minuten zwischen den Buchregalen nebeneinander. Er sah mich besorgt an, sagte, daß er recht beunruhigt gewesen sei, wirklich, er habe sich ernstlich Sorgen gemacht. Ich müsse aber verstehen, daß er nicht angerufen und nicht geschrieben habe. Ich nickte. Wir verabredeten uns für einen der kommenden Abende. ›Ich habe eine Überraschung für dich!‹ sagte er. H. P. machte dann aus diesem Abend ein Fest. Er feierte die Nicht-Geburt des Kindes.«

»Nein!« rief Sigrid dazwischen, »das darf nicht wahr sein!«

»Doch, Sigrid! Er war nur zu taktvoll, es auszusprechen. Statt dessen lobte er mich. ›Du warst sehr tapfer, Kindchen, dafür mußt du belohnt werden!‹ Das war der Augenblick, in dem er mir diesen Armreif geschenkt hat. ›In Dankbarkeit. H. P.!‹

Natürlich hatte ich ihm sagen wollen, daß ich nicht in der Klinik gewesen war! Ich hatte ihm auch sagen wollen, was meine Mutter für Pläne hatte, und daß er keinerlei

Schwierigkeiten zu befürchten habe. Ich tat das alles nicht. Statt dessen ließ ich mir den goldenen Armreif über das Handgelenk schieben und mich loben. Alles erschien mir so unwirklich. H. P. war heiterer als sonst, offensichtlich erleichtert. Er sprach wieder einmal davon, wie großartig er diese junge Generation fände, daß sie soviel umkomplizierter, soviel nüchterner sei. ›Du bestätigst mir alle meine Theorien!‹ sagte er.

Wir nahmen unsere Gewohnheiten wieder auf und fuhren einmal in der Woche zusammen weg. Ich dachte, er würde es irgendwann merken. Ich legte es darauf an. Man sah es jetzt natürlich. Aber er sah es nicht! Er war kein guter Beobachter. Er war ein Theoretiker. Ich ging hin und wieder mit einer Kollegin tanzen, ich befolgte alle Ratschläge meiner Mutter. Ich klagte ab und zu, daß ich zu dick würde und mir meine Röcke nicht mehr paßten. Niemand hat etwas bemerkt. Ich bin eine bessere Schauspielerin als ihr denkt!

Dann mußte ich kündigen. Mein Chef war überrascht; er ließ mich ungern gehen. Ich war zwar seine jüngste Bibliothekarin, aber ich war bei den Lesern beliebt. Er schrieb mir ein gutes Zeugnis, in dem vermerkt war, daß ich aus persönlichen Gründen in meine Heimatstadt zurückzukehren wünschte. Ich hatte ihm von einer Krankheit meiner Mutter erzählt.

Habe ich überhaupt ein einziges Mal gesagt, daß ich H. P. geliebt habe? Daß ich nie aufgehört habe, ihn zu verehren?

Von irgendeinem Zeitpunkt an freute ich mich auf das Kind. Ich hatte mir von H. P. Fotos zeigen lassen. Nicht von seiner Frau, die hat mich nie interessiert. Von seinen Kindern und von seinem Enkelsohn, von dem er jetzt manchmal erzählte. Er sagte lachend: ›Du siehst, ich bin ein guter Familienvater, ich trage die ganze Sippe in der Brieftasche bei mir.‹

Ich habe seine Kinder nur dieses eine Mal gesehen, aber

ich würde sie auf der Straße erkennen können! Er wußte, daß ich wegen einer Erkrankung meiner Mutter gekündigt hatte. Er bedauerte das. Aber er verstand es natürlich, daß ich ihr gegenüber Verpflichtungen hätte. Er lobte mich auch für diese Entscheidung. ›Ich mag das, wenn ein junger Mensch anhänglich ist und verantwortungsbewußt! Du bist altmodisch und modern zugleich, Kindchen. Ich werde dich sehr vermissen!‹ Das war keine Floskel. Ich war für ihn mehr als nur eine Kontaktperson zur jüngeren Generation.

Meine Mutter verbreitete inzwischen die Geschichte von meiner überstürzten Heirat und ihrer Besorgnis, daß die Ehe nicht gutgehen würde. Ich packte meine Koffer und fuhr in eine kleine Stadt in Niederbayern. Meine Mutter hatte mich in dem Entbindungsheim bereits angemeldet. Man konnte dort schon Wochen vorher wohnen. Es hieß, daß die werdenden Mütter in Kinderpflege unterrichtet würden. Wir ersetzten die Hilfsschwestern! Es ging diskret, aber nicht reell zu. Unsere Zwangslage wurde ausgenutzt. Wir waren alle in der gleichen Situation, aber: man war wenigstens nicht allein, man konnte mit den anderen sprechen; wir freundeten uns an. Das Heim wurde von einer Hebamme geleitet. Ich schwierigen Fällen war ein Arzt in der Nähe, der uns auch regelmäßig untersuchte. Siebzehn ledige Mütter. Ich war kein schwieriger Fall. Das Kind wurde zum vorgesehenen Termin geboren, lag in seinem Bettchen, sechs andere standen noch in dem Raum, alle Babies waren so etwa gleichaltrig. Ich hatte Geschick im Umgang mit den Säuglingen. Das überraschte mich selbst. Ich war doch ein typisches Einzelkind und war überhaupt nicht an Kinder gewöhnt. Ich liebte sie alle, wie sie dalagen! Einige Mädchen fanden nach wie vor, sie hätten eben Pech gehabt. Sie wollten ihr Kind zur Adoption freigeben. Ich habe ernstlich überlegt, ob ich nicht dort bleiben sollte und Säuglingsschwester werden und vielleicht später einmal selber ein Entbindungsheim aufmachen, in dem die

Atmosphäre dann anders sein sollte. Menschen statt Bücher, dachte ich.«

Jutta legte ihr spontan die Hand auf den Arm: »Birgit! Ich kann mir das vorstellen!«

»Inzwischen kann *ich's* nicht mehr!

Meine Mutter schrieb energisch: ›Das ist Unfug! Komm nach Hause, hier ist alles vorbereitet.‹ Sie hatte inzwischen mein ehemaliges Zimmer als Kinderzimmer eingerichtet und ein zweites Bett in ihr Schlafzimmer gestellt für mich. Die Heimkehr der verlorenen Tochter! Allmählich glaubte ich selbst an meine kurze unglückselige Ehe, die mir gestattete, zurückgezogen zu leben und so traurig auszusehen wie mir oft zumute war. Wenn Bekannte von früher nach meinem neuen Namen fragten, unterbrach meine Mutter sofort und sagte: ›Birgit muß den Mädchennamen wiederannehmen, merken Sie sich den neuen Namen gar nicht erst. Das ist ein trauriges Kapitel. Schweigen wir darüber!‹ Sie selbst schwieg aber über das traurige Kapitel keineswegs. Sie sprach bei jeder sich bietenden Gelegenheit darüber und lenkte die Gerüchte in die ihr richtig erscheinenden Bahnen.«

Karin warf ein: »Mir hat damals jemand erzählt, du wärest an einen Bigamisten geraten und die Ehe sei für ungültig erklärt worden!«

»Bigamist?! Ich kenne eine ganz andere Version!« sagte Sigrid. »Mir hat –«

»Laßt doch jetzt eure Versionen! Jetzt hören wir doch endlich die Wahrheit.« Marianne griff vermittelnd ein.

Birgit erzählte weiter: »Ich mußte Sybille standesamtlich anmelden. Niemand erfuhr den Namen des Vaters. Ich blieb dabei: Vater unbekannt. Man schickte uns jemanden von der Jugendfürsorge ins Haus, ich sagte weiterhin, der Name des Vaters ist mir nicht bekannt.

Ich bewarb mich dann hier an der Stadtbibliothek. Ich konnte nicht gleich eingestellt werden, bekam aber bald wenigstens eine Halbtagsstelle. Ich wurde nicht mehr Fräulein Siggert genannt, sondern Frau Siggert. Ich hieß wie meine Mutter, daran konnte ich mich schwer gewöhnen.

Ihr kennt sie ja. Sie sieht jung aus, sie legt auch Wert darauf. Wir wurden schon oft für Schwestern gehalten. Manchmal kam ich aus dem Dienst, dann erzählte sie mir stolz, daß wieder jemand sie für Sybilles Mutter gehalten hätte. Sie widersprach dann auch nicht. Manchmal schien es selbst mir so, als wäre sie die Mutter und Sybille meine kleine Schwester. Sie hatte ihre Stellung aufgegeben und sorgte für unseren Haushalt und das Baby. Sybille schlief meist schon, wenn ich aus dem Dienst kam. ›Weck sie nicht auf!‹ sagte meine Mutter. Ich mußte gegen meine Eifersucht ankämpfen, aber sie wurde natürlich von der Dankbarkeit besiegt. Meine Mutter war zu Sybille auch nicht so streng wie früher zu mir. Sie beschäftigte sich mit Psychologie, ließ sich auch Bücher von mir mitbringen. Wir sprachen viel über Kindererziehung.

Sybille hat die dunklen Haare von mir, aber die blauen Augen ihres Vaters. Sie hat überhaupt viel von ihm, wahrscheinlich deshalb, weil ich durch ihn geprägt worden bin. Ich dachte jahrelang mit seinen Gedanken. Ich war in einem Maße von ihm abhängig, das ihr euch nicht vorstellen könnt. Ich verfolgte nach wie vor seine Publikationen. Er hatte damals eine sehr produktive Phase. Ich schnitt alle Aufsätze, die ich in Zeitungen von ihm oder über ihn fand, aus und klebte sie in ein Buch, das Billa eines Tages bekommen soll. Sie weiß Bescheid. Ob ich es ihr in der richtigen Form gesagt habe, weiß ich nicht. Ich habe es ihr wie ein Geheimnis anvertraut, das nur uns beide anging, von dem niemand etwas wissen dürfte. Wie ein Märchen. Der Vater war in ihrer Vorstellung wohl lange Zeit so was wie ein König und sie folglich eine geheimnisvolle Königstochter. Sie lernte trotzdem in der Schule die richtigen Antworten zu geben, wenn nach dem Beruf des Vaters gefragt wurde. Sie sagte ›Bibliothekar‹, nannte also meinen Beruf. Es waren meist Fragen für die Statistik.

Ich konnte meine Mutter davon überzeugen, daß es nicht gut sei, wenn Billa wie ein Einzelkind aufwüchse, immer nur mit zwei Frauen zusammen. Ich hatte mich ebenfalls viel mit Kinderpsychologie befaßt, auch mit Jugendliteratur, ich ging zudem gern mit Kindern um. Ich sprach mit dem Bibliotheksdirektor in aller Offenheit über meine Probleme. Als die Kollegin, die die Jugendbücherei bis dahin geleitet hatte, pensioniert wurde, war er froh, eine junge Kraft einsetzen zu können. Der Posten war nicht sehr beliebt, die Kolleginnen hielten die Jugendbücherei mehr oder weniger für einen Kindergarten. Seither arbeite ich dort. Sehr gern sogar!

Sybille war von klein auf eine Leseratte. Sie wußte außerdem, im Gegensatz zu mir, immer genau, was sie wollte. Eine energische kleine Diplomatin! Sie begleitete mich nachmittags in die Bücherei, setzte sich auf einen Hocker, las Bilderbücher, ohne lesen zu können, und fing bald an, mir zu helfen: räumte Bücher in die Regale, schickte Jungen, die größer waren als sie selbst, zum Händewaschen und erklärte ihnen, was sie lesen sollten, mit aller Entschiedenheit: ›Das ist was für dich, das mußt du mal lesen!‹ Wir bekamen wieder mehr Kontakt; als sie sieben bis acht Jahre alt war, wurde sie erst so richtig mein Kind, als das väterliche Erbe spürbar wurde. Ich fürchte, daß meine Mutter jetzt manchmal eifersüchtig ist, aber auch sie beherrscht sich natürlich.«

Die Geschichte war zu Ende. Birgit sagte abschließend: »Dieser Armreif war kein Geschenk. Er war eine Belohnung. Für etwas, das ich nicht getan habe.«

Kaum hatte sie das gesagt, fragte Sigrid schon: »Und weiter? Hast du diesen H. P. – ich überlege immer, wer das sein könnte! – wiedergesehen? Hat er von Sybilles Existenz erfahren? Hat er sie mal gesehen?«

»Drei Fragen!« Birgit lächelte. »Welche soll ich beantworten? Ob ich ihn wiedergesehen habe? Ja! Ich habe ihn wiedergesehen. Auf dem Bildschirm. Er nahm an einem

Podiumsgespräch teil. Meine Mutter war an jenem Abend nicht zu Hause. Ich holte Sybille aus dem Bett und sagte ihr: ›Einer von diesen fünf Männern ist dein Vater.‹ Sie hat sich den richtigen ausgesucht. ›Der ist Klasse!‹ hat sie gesagt. Sie war damals vielleicht neun Jahre alt. Das ist die Antwort auf alle drei Fragen. Ich habe ihn wiedergesehen, Sybille hat ihn gesehen, aber er hat uns nicht gesehen. Im vorigen Jahr entnahm ich einer Zeitungsnotiz, daß er gestorben sei. Sybille weiß auch das. Jetzt ist es leichter für sie, sie kann sagen, daß ihr Vater tot sei.«

»Es ist doch völlig klar! Es handelt sich um Herbert –« rief Karin.

»Karin! Du hältst jetzt den Mund!« Die bedächtige Jutta hielt ihr doch wirklich den Mund zu.

Sigrid war mit ihren Fragen noch lange nicht zu Ende. »Du hättest doch Unterhalt für das Kind bekommen müssen! Sybille war doch in gewissem Umfang erbberechtigt! Hast du das denn nie überlegt? Das sind doch Summen! Er muß doch Geld gehabt haben!«

Birgit reagierte heftiger als es sonst ihre Art war. »Ich konnte mein Kind selbst ernähren! Ich bin vielleicht altmodisch, weil ich es haben wollte, aber nicht so altmodisch, daß ich mir hätte Alimente zahlen lassen! H. P. hatte recht, als er mich altmodisch und modern zugleich nannte.«

Marianne hatte einen anderen Einwand: »Du hast ihm das Kind unterschlagen, Birgit! Darf man das denn? Hat denn nicht auch ein Vater Anspruch darauf, einen moralischen oder ethischen oder wie man das nun nennen will?«

Karin unterbrach sie: »Moralisch! Ethisch! Den Anspruch hat er sich doch wohl verscherzt! Er hat sich von den Pflichten losgekauft, aber damit auch von den Rechten!«

»Warum hast du nicht geheiratet?« fragte Marianne. »Das muß doch einen Grund haben. Das hat doch sicher nicht an Sybille gelegen.«

»Nein, an Sybille nicht. Ich hätte gern geheiratet, zumindest nach einigen Jahren. Da war auch einmal jemand. Aber das ist eine ganz andere Geschichte. Eine Frau kann ein Kind mit in die Ehe bringen, das ist nicht so ungewöhnlich. Aber ich hatte nicht nur ein Kind, sondern auch eine Mutter. Hätte ich sie im Stich lassen sollen, nach allem, was sie für Sybille und mich getan hat?«

Jutta fragte: »Hat deine Mutter wirklich solche Ansprüche gestellt?«

Birgit schüttelte den Kopf. »Nein, natürlich nicht, das würde sie nie tun, es ist viel zu selbstverständlich.«

»Sie ist allenfalls sechzig, sie kann für sich selbst sorgen!«

»Ja. Sie ist neunundfünfzig. Aber soll sie ihr Leben noch einmal ganz neu einrichten? Wieder von der kleinen Rente leben müssen? Vielleicht wieder als Aushilfskraft arbeiten?« Birgit sah unglücklich und ratlos aus. »Sie besorgt unseren Haushalt. Ich setze mich an den gedeckten Tisch. Sie kümmert sich um Sybilles Hausaufgaben. Sie geht zu den Elternsprechtagen in die Schule – ach! Seid doch still! Redet mir doch nicht ein, ich sei unglücklich! Ich will es so haben! Ich liebe meinen Beruf, ich habe eine Tochter, ich habe ein Zuhause . . .«

Während sie die Vorzüge ihres Lebens aufzählte, liefen ihr Tränen übers Gesicht.

»Ich war so reich! Jahrelang! Aber irgendwann waren die Reichtümer aufgezehrt. Ich bin aus meinem Schicksal herausgewachsen wie aus einem Kleid.«

Die anderen waren bestürzt. Seit der Schulzeit hatten sie Birgit nicht in Tränen gesehen.

Marianne legte den Arm um sie und sprach leise auf sie ein, die anderen hörten nur den letzten Satz: »Meinst du nicht, daß er es geahnt hat?«

Birgits Gesicht hellte sich auf: »Er hat es gewußt! Er wußte auch, daß ich das wußte! Er hat mich entlassen, weil ich erwachsen war. Er hatte mir gegeben, was er mir mitzugeben hatte. Seine Gedanken und sein Kind. Ich wurde dem Bild gerecht, das er sich von unserer Generation gemacht hatte. Wenn ich mich *für* das Kind entschieden hatte, gut, dann war das mein freier Entschluß, er hatte mir zumindest auch die andere Möglichkeit geboten. Ich hatte die Wahl. Verstehst du das nicht, Sigrid?! Er war ein großer Geist, er dachte nicht in Begriffen wie ›Alimente‹!«

»Was? Er hat das gewußt?! Ich bin sprachlos! Gebt mir was zu trinken!« sagte Sigrid. »Du machst es den Männern leicht!«

»Du doch auch!« stellte Karin fest.

»Bitte, streitet euch doch jetzt nicht darüber, wer es wem leichter macht!« Jutta blickte bekümmert von einer zur anderen.

»Du hast recht, Jutta!« Sigrid war gleich bereit, die aufkommende Verstimmung zu beseitigen. »Erst mal braucht Birgit ein frisches Glas Sekt! Sie sieht ganz mitgenommen aus. Gieß ihr ein, Marianne! Oder –? Entschuldige! Ich verfüge so einfach über deine Flaschen. War es die letzte?«

»Wir können doch zusammenlegen«, schlug Karin vor. Marianne reagierte empfindlich. »Natürlich ist noch Sekt im Haus! Ich habe ihn nur nicht kalt gestellt, sonst trinken wir jeder nur ein Glas.«

»Stell dich nicht so an! Wir müssen uns doch gegenseitig nichts vormachen. Jede weiß, daß es euch nicht so rosig geht. Ich schicke morgen Herberts Fahrer vorbei, und der bringt dir ein paar Flaschen, dann fällt es deinem Mann überhaupt nicht auf, daß wir heute so gesüffelt haben.«

»Das würde ich nie annehmen, Sigrid, nie!«

»Marianne! Bin ich deine Freundin?!«

»Ja, gut, du bist meine Freundin, aber du bist auch mein Gast.«

»Wie du willst! Trinken muß ich trotzdem noch was und Birgit auch, und wenn wir dich ruinieren!« Sie goß den Rest der Flasche in Birgits Glas, und Marianne ging in den Keller, um eine weitere Flasche zu holen.

Jutta erkundigte sich: »Verdient ihr Mann wirklich so schlecht?«

»Seht euch doch um! Seit Jahren kein neues Stück in der Wohnung, keine neuen Vorhänge, keine neuen Sessel, und das Kleid trägt sie doch seit Jahren!«

»Sie sieht aber doch nett drin aus, Sigrid, und das Zimmer ist doch ganz gemütlich«, sagte Jutta.

»Das war irgendwie taktlos von dir, Sigrid!«

»Himmel, darüber muß man doch reden können! Herbert setzt den Sekt von der Steuer ab. Und bei Gehls trinkt man seit zwanzig Jahren aus diesen Blümchen-Tassen. Mariannes Mann fährt immer noch den alten Opel.«

»Vielleicht ist es ihnen nicht so wichtig«, gab Jutta zu bedenken. »Marianne hat immer am liebsten gelesen und Klavier gespielt. Sie ist mehr schöngeistig und nicht so auf Äußerlichkeiten aus.«

»Pusch! Das saß!«

Marianne kehrte mit der Flasche zurück und reichte sie Karla: »Besorgst du das Öffnen wieder?«

»Wenn hier so weiter getrunken wird, lohnte sich eine Unterrichtsstunde!«

Birgit fragte, ob sie inzwischen einmal telefonieren könnte. »Ich muß meiner Mutter Bescheid sagen. Ich wollte eigentlich nur zwei Stunden bleiben. Ich überlege, ob ich nicht überhaupt jetzt gehen sollte.«

»Jetzt?«

»Willst du denn nicht wissen, was es mit Karins Ohrringen auf sich hat? Du bist nämlich gleich an der Reihe, Karin!«

»Ich weiß!«

Karla reichte Marianne die geöffnete Flasche. »Das Eingießen willst du sicher selbst besorgen. Ihr geht ja so wohlerzogen miteinander um. ›Würdest du mir bitte‹, ›könntest du wohl mal‹ –«

»Warum sollten wir nicht wohlerzogen miteinander umgehen, Frau Dr. Karla Oeser? Oder nennst du dich noch Fräulein Doktor? Wenn zwischen uns nicht eine gewisse Form von Wohlerzogenheit üblich wäre, dann käme ich gar nicht hierher!«

Karin stimmte Sigrid zu: »Was meinst du, Karla, wieviel Zeit und Kraft wir darauf verwenden, unsere Kinder ›wohl‹ zu erziehen.«

»Was habt ihr nur? Ihr reagiert alle so gereizt!« sagte Jutta. »Vielleicht liegt das an mir«, meinte Karla und streckte ihre langen Beine von sich, die Knie eng aneinander gepreßt, die Ellbogen eng am Körper, nur die Hände spreizte sie ab. »Ich sage doch eigentlich kein Wort. Ich höre mir lediglich mit Interesse an, wie eine Ehefrau sich ihren Schmuck erwirbt. Auf Karins Geschichte bin ich besonders gespannt. Karin ist irgendwie anders als ihr. Du riskierst doch was! Oder sollte ich mich täuschen? Jetzt weiß ich wieder wie der Film hieß: ›Ariane oder die Liebe am Nachmittag.‹ Frivol – aber hübsch! Ich bin neugierig, ob deine Geschichte auch so ist: frivol und hübsch.«

Karin bat zur Verwunderung der anderen um eine Zigarette.

»Du rauchst doch nie!«

»Dann rauche ich heute ausnahmsweise.«

»Keine weiteren Verzögerungen! Her mit den Ohrringen! Auf den Tisch!« befahl Sigrid.

»Ich muß euch enttäuschen, die Geschichte meiner Ohrringe werde ich nicht erzählen, aber sie haben eine Geschichte, Karla! Ich muß dir recht geben, jedes Schmuckstück hat seine Geschichte. Ich werde euch die Geschichte eines Ringes erzählen.«

»Du trägst ja gar keinen Ring, außer dem Ehering.«

»Willst du uns etwa erzählen, wie du an deinen Trauring gekommen bist?«

Allgemeine Entrüstung. Aber endlich auch wieder Heiterkeit.

»Irgendein Abenteuer steckt doch auch hinter einem Trauring!«

»Habt ihr das gehört?! So was sagt ausgerechnet unsere Jutta! Was sind das denn für verwegene Bemerkungen!«

»Es handelt sich um einen Brillantring!« sagte Karin.

Birgit kam wieder ins Zimmer, und Karla erkundigte sich, ob die Mutter erlaubt habe, daß ihr Töchterchen noch etwas länger bliebe. Birgit erwiderte sachlich, daß sie Abendausleihe habe. Wenn sie noch länger hier bliebe, könnte sie zwischendurch nicht nach Hause. Sie habe es geregelt.

»Sind wir soweit?« fragte Sigrid, »dann kann der dritte Akt beginnen!«

Karin legte ihren Kopf in den Nacken, ihr langer Hals wirkte noch länger als sonst, sie zog den Rauch tief ein, hielt ihn zurück, stieß ihn dann langsam aus und sagte mit breitem, gekünsteltem Lachen ›It's a wonderful wonderful world of Salem Cigarettes‹.

»Was? Ich habe dir Stuyvesant angeboten!? Es handelt sich hier um den üblichen Duft der großen weiten Welt!« Karin sagte ärgerlich: »Das war doch die Einleitung, oder das Motto, zu meiner Geschichte!«

Die Freundinnen blickten dem Rauch nach, Sigrid sagte im Tonfall von Fräulein Malz, der Deutschlehrerin: »Origineller Einfall, Karin Sostmann!«

»Vor ein paar Jahren habe ich meinen Mann auf einer Amerikareise begleitet. Erinnert ihr euch? Ich habe euch allen Karten von der ›Fair‹ geschickt. Der Weltausstellung! Mein Mann hatte geschäftlich in New York zu tun, gleichzeitig wollten wir Urlaub machen. Martin war bei den Großeltern. Wir fuhren mit dem Schiff. Die Überfahrt dauerte jeweils eine Woche. Mein Mann fliegt nicht gern. Er schätzt es, wenn er Liegestuhl und Barstuhl möglichst nahe beieinander hat, und das ist auf einem Überseeschiff der Fall. Deshalb machen wir ja auch immer Kreuzfahrten. Ein Kreuz mit den Kreuzfahrten! Wir lagen noch im Hafen, da hatte er schon für Deckstühle und Tischkarten gesorgt und seinen Platz auf dem Sonnendeck bezogen. Das Wetter war herrlich. Strahlender Sonnenschein, fast windstill. Jochen –« sie wandte sich an Karla, »– mein Mann heißt Jochen!«

»Ihr habt eine Art ›mein Mann‹ zu sagen!«

»Also gut. Jochen. Jochen hatte sich vorgenommen, am Ende der Reise der sonnengebräunteste Mann an Bord zu sein. Er rieb sich mehrmals täglich mit Sonnenöl ein und verließ den Deckstuhl nur zu den Mahlzeiten. Ab und zu ging er an die Bar und trank Whiskey. Wenn ich ihn dort suchte, erklärte er, daß es gar nicht so leicht sei, sich von Whisky auf Whiskey umzustellen, das ginge nicht von einem Tag zum anderen und schon gar nicht von einem Glas zum anderen.

Wie immer langweilte ich mich bereits nach einem Tag Bordleben. Schiffe sind nichts für mich, ich habe einfach zu lange Beine, daran wird es wohl liegen. Bei Tisch saßen wir allein. Jochen ist nicht übermäßig gesprächig. Zu Hause fällt das weniger auf, weil dann die Kinder reden. Er sagte manchmal während einer dieser ausgedehnten Mahlzeiten nicht mehr als ›die Sonne macht mich noch ganz dösig!‹ Und ich entgegnete freundlich ›und der Whiskey!‹

Ich ging zum Schwimmen in das kleine Bassin auf dem E-Deck. Ich ging in die Sauna. Ich ging ins Kino. Ich nahm am vollen Unterhaltungsprogramm teil, versuchte sogar Shuffleboard zu spielen. Aber ich langweilte mich trotzdem. Ich habe nun mal kein Talent zu Schiffsreisen und war überzeugt, daß dieses kostspielige Unternehmen ein Mißerfolg würde. Ich wäre besser zu Hause geblieben.

Am zweiten Tag legten wir mittags in Southampton an. Ich hatte dem Verladen zugesehen, dann mein Pensum Englisch gelernt, hatte in der Bibliothek gestöbert, war im Kino gewesen und hatte eine Stunde neben Jochen in meinem Deckstuhl gelegen. Er hatte blinzelnd von mir Kenntnis genommen und gesagt: ›Ah – diese Sonne macht mich noch ganz dösig.‹ Ich beobachtete, wie er sich hingebungsvoll seinen Bauch einölte und ging in die Kabine und legte mich aufs Bett. Zum Dinner saß dann ein Ehepaar an unserem Tisch. Sie waren in Southampton zugestiegen, man hatte ihnen einen Platz an unserem Tisch angewiesen; das Schiff war nahezu ausgebucht.

Wir machten uns miteinander bekannt. Er war Deutscher. Sie war Engländerin. Er hatte, genau wie Jochen, in den Staaten zu tun, wollte aber nicht nur nach New York, sondern weiter nach St. Louis und Chicago. Jan – er hieß Jan – war aus der Textilbranche, hatte, glaube ich, englischen Tweed und Homespun in England eingekauft. Die Männer redeten über die Aufwertung des englischen Pfundes oder die Stützung des Dollars, auf alle Fälle über Geschäfte. Ich hörte nicht zu. Mit ihr, mit Susan, hatte ich mir nichts zu sagen. Wir lagen uns nicht, von Anfang an nicht. Sie machte Jochen Komplimente. ›Sie sehen aus wie eine Reklame für Seereisen!‹ sagte sie. Er war geschmeichelt. Er machte ihr ein Kompliment über ihren Teint. ›Von allen Europäerinnen haben die Engländerinnen die schönste Haut und die besten Beine!‹

Mir war noch nie aufgefallen, daß Jochen auf Beine achtete. Er schien einen Flirt mit ihr anfangen zu wollen. Das ist sicher: Er fing an! Susan ging allerdings bereitwillig darauf ein. Sie schien immer auf der Lauer zu liegen. Auch wenn sie nicht sprach, hatte sie den Mund ein wenig geöffnet. Das wirkte aufreizend, irgendwie lüstern. Ich hatte das noch nie bei einer Frau beobachtet: man sah immer ihre Zungenspitze, die von einem Mundwinkel zum andren strich. Dabei ließ sie meinen Mann keinen Moment aus den Augen. Als ob sie ihn taxieren und anschließend verspeisen wollte.

Jochen lud zu einer Flasche Wein ein. Jan spendierte die zweite. Wir waren die letzten Gäste, als wir endlich aufbrachen. Eine Verabredung wurde nicht getroffen. Als wir in unsere Kabine kamen, erkärte Jochen, daß es zu früh zum Schlafen wäre, er ginge noch für einen Schluck an die Bar.

Ich hatte keine Lust, den Abend wieder allein in der Kabine zu verbringen. Ich überredete ihn, in die kleine Taverne unten im Schiff zu gehen, in der eine Jazzband spielen sollte. Ich zog mir ein Cocktailkleid an. Als wir in den Fahrstuhl einsteigen wollten, waren unsere neuen Bekannten schon darin. Ebenfalls auf dem Weg in die ›Taverne‹. Zufall –? Ich weiß nicht!

Seit wir verheiratet sind, haben wir selten getanzt. Die beiden Männer tanzten einen Tanz pflichtschuldig mit ihren Frauen, dann wechselten wir die Partner. Einmal trafen wir an der Bar zusammen, da sagte Jochen zu mir: ›Susan tanzt phantastisch!‹ Daraufhin trank Jan mir zu und sagte: ›Sie tanzen phantastisch, Karin!‹ Ich sah meinen Mann triumphierend und trotzig an. Er ist der Ansicht, daß ich zu groß sei, um eine gute Tänzerin sein zu können. Ich hatte noch nie im Leben so getanzt wie an diesem Abend! Jan war groß. Jochen ist ja nicht größer als ich.«

»Du bist ja auch beinah einsachtzig!« sagte Sigrid.

»Auf den Zentimeter: einsachtzig! Beim Tanzen streifte sein Atem mein Haar, ein paarmal pustete er mir eine Strähne aus dem Gesicht. Ich mußte zu ihm aufsehen. Das gefiel mir. Er sagte: ›Ich habe dort, wo Sie sind, noch nie eine Frau gespürt! Alles ist bei Ihnen an einer anderen Stelle!‹ Er zog mich noch enger an mich, und ich spürte seine Hüften, seine Knie.

Jochen glühte. Er hatte einen Sonnenbrand, war auch ein wenig beschwipst, außerdem erhitzt vom Tanzen. In der Taverne war es kühl, plötzlich sorgte ich mich um ihn und rief ihm zu, als wir aneinander vorbeitanzten: ›Erkälte dich nicht! Denk an deine Bronchien!‹ Aber er wollte nicht an seine Bronchien erinnert werden! Das war dumm von mir. Ich benahm mich wie eine mißgünstige Ehefrau. Susan erkundigte sich: ›What's that – Bronchien?‹ Jochen hustete demonstrativ, und Susan legte schützend ihre Hand dorthin, wo sie wohl seine Bronchien vermutete, er hob ihre Hand zum Mund, küßte sie. Ich beobachtete das, Jan sah es auch, hob meine Hand und küßte allerdings die Innenfläche.

Im gleichen Augenblick war ich wieder nüchtern. Ich sagte zu mir: Paß auf dich auf, Karin! Wenn du schon nicht auf Jochen aufpassen kannst, paß wenigstens auf dich selber auf! Ich hatte mir fest vorgenommen, als ich heiratete, mehr auf mich selber aufzupassen als auf meinen Mann. Man ist doch zuallererst mal für sich selber verantwortlich. Das meine ich wenigstens.«

Sigrid sagte anerkennend: »Du hast ja direkt Grundsätze!«

»Ich täuschte vor, müde zu sein, gähnte mehrmals, lehnte es ab, an der Espressobar noch einen Kaffee zu trinken. Jan holte sich daher seine eigene Frau, packte sie bei der Schulter und sagte: ›Genug für diesmal, Susan!‹ Ich meinte einen warnenden Unterton gehört zu haben. Er sprach übrigens englisch mit ihr. Er sagte: ›Let it be enough, Susan!‹

Jochen warf sich in der Kabine aufs Bett, lockerte die Krawatte, knöpfte sein verschwitztes Hemd auf, stöhnte gewaltig, sagte: ›Heaven! What a woman!‹ Ich glaube, er sagte sogar ›Wife‹. Ich war wütend, weil auch er jetzt anfing, Englisch zu reden. ›Sie ist reichlich üppig, mein Lieber!‹

›Nur kein Neid‹, sagte er, ›sie ist weich und warm und weiblich und –‹ während er noch nach einem weiteren Adjektiv mit ›w‹ suchte, schlief er bereits. Er lag auf dem Rücken und schnarchte gegen das Dröhnen der Schiffsmotoren an. Ich versuchte, ihn auf die Seite zu wälzen, hob seine Beine ins Bett und legte ihm die Decke über.

Als ich am Morgen aufwachte, war er bereits verschwunden. Ich frühstückte allein, machte mich dann auf die Suche und fand ihn an der Bar im Gespräch mit Jan. Die Männer riefen mir flüchtig ›Morgen!‹ zu und redeten weiter über ›Dollarbasis‹ und vertieften sich in ihre Whiskeygläser.

Der Tag verging wie der vorherige. Wir aßen mittags ziemlich früh, waren schon beim Eis, als Jan und Susan erschienen. Wir wechselten ein paar Sätze. Der vergangene Abend wurde von keinem erwähnt.

Abends fand dann eines dieser Bordfeste statt. Jeden Abend war etwas los. Galaabend. Bayrischer Bierabend. Rheinischer Abend. Es gab schon beim Dinner alle möglichen Überraschungen. Wieder luden wir uns gegenseitig ein. Diesmal zu Sekt. Veuve Cliquot! Die Männer fanden es wahnsinnig komisch, immer ›Veuve tricot‹ zu sagen. Sie tauschten ihre Meinungen aus, in welchem Land man die besten Austern bekäme. Jochen hatte, soviel ich wußte, nie Austern gegessen! Wir benahmen uns wie die Snobs, aber mit einem ironischen Unterton, als wüßten wir es und mokierten uns über uns selbst. Immerhin waren wir ja mal in Südfrankreich an den Austernbänken gewesen. Jochen zeigte Kenntnisse als hätte er früher eine Austernzucht besessen! Er redete über das künstliche Auslegen von Saat-Austern in ca. 40 Meter Meerestiefe, und Susan hing an seinen Lippen. Irgendwie erinnerte sie mich von da an immer an eine Auster. Jan schob ein paarmal verstohlen sein Knie an meines, aber auch das schien nur Scherz zu sein, als gehöre das eben zu einer Schiffsreise dazu wie Sekt und Gespräche über Austern.«

»Was habe ich gesagt: frivol und hübsch!« lobte Karla.

»An den andren Tischen war die Stimmung ebenfalls lebhaft. Hier und da stiegen Lachsalven auf. Einer der Boys kam mit einem Tablett, auf dem Knallbonbons lagen, an unsren Tisch. Jochen zog als erster. Ein Celluloidbaby! Er drohte mir. Er sagte beschwörend: ›Wehe!‹ Wir lachten. Ich weiß heute nicht mehr, was in Susans und Jans Knallbonbon war. Ich zog als letzte. Ich zog einen Ring. Einen Woolworthring. Ich trage selten Schmuck. Nur Ohrringe, weil mein Hals so lang ist. Mit Ringen wirken meine Hände noch größer, behauptet meine Mutter immer; sie hat mir ein richtiges Trauma wegen meiner Länge beigebracht! Jan schob mir den Ring an den Finger. Er war aus Silber und mit einem großen geschliffenen Rheinkiesel. Ich hielt die Hand hoch, damit alle meinen Ring bewundern sollten. Er sah wahrhaftig aus wie ein Ring aus Weißgold mit einem hochkarätigen Brillanten. Er sprühte Feuer. Jan küßte den Ring und sagte: ›Der Ring muß nicht echt sein, wenn nur die Frau echt ist! An dieser Hand wird jeder Glassplitter zum Brillanten!‹ Jochen schien sich darüber sehr zu amüsieren. Er brach in schallendes Gelächter aus. Ich ärgerte mich über ihn und nahm Partei gegen ihn. Von diesem Augenblick an wechselten wir die Positionen. Ich habe den Ring während der Überfahrt nicht mehr vom Finger gezogen.«

Karin zögerte, sah flüchtig Jutta an, blickte dann aber wieder zum Fenster. »Wir wechselten die Positionen! Jochen kam nur noch zum Umkleiden in unsere Kabine. Was die Stewards gemerkt haben, weiß ich nicht, aber sie sind so was wohl gewöhnt. Bei den Mahlzeiten saßen wir jetzt immer zu viert am Tisch, wie am ersten Abend. Jochen wurde so braun wie er es sich vorgenommen hatte. Wenn er sich umzog, führte er mir seine Bräune vor und verschob die ohnehin zu kleine Badehose. ›Na –?‹ fragte er. Plötzlich setzte er sich auf meinen Bettrand und sagte: ›Diese Engländerinnen! Man hält sie immer für kühl und zurückhaltend. Ich kann dir sagen!‹ Er fing an, mir ihre Vorzüge aufzuzählen. Hielt dann aber plötzlich ein und beobachtete mich.

Ich stand gerade in BH und Höschen da, spürte seinen Blick und schämte mich auf einmal. Vor meinem Mann! Mit dem ich damals immerhin schon fünf Jahre verheiratet war. Ich griff nach dem Badetuch und wickelte es mir um. Er erkundigte sich nach Jan.

Ich antwortete nicht, drehte mich statt dessen zum Bullauge und sah übers Meer, das immer noch grau im Morgenlicht dalag. ›Ist er besser –?‹

Ich antwortete wieder nicht, drehte mich aber um und

sah ihn an. Er stopfte sich gerade sein Hemd in die Hose und band sich dann die hellblaue Krawatte um, die ich ihm kurz vor der Reise gekauft hatte, genau im Farbton seiner Augen. Schließlich sagte er: ›Anders. Einigen wir uns auf: anders. Wenn dir das recht ist, Karin Sostmann.‹ Er redete mich mit meinem Mädchennamen an. Ich fühlte mich nicht mehr wie seine Frau. ›Zieh dich fertig an, ich drehe mich um!‹

Zehn Minuten später gingen wir wie ein Ehepaar zum Speisesaal.

Einmal traf ich morgens mit Susan in der Sauna zusammen. Die Sauna wurde wenig benutzt, außer uns war keiner im Schwitzraum. Ich lag auf der oberen Pritsche. Sie erkannte mich nicht. Sie war etwas kurzsichtig, blinzelte, als sie hereinkam, und grüßte höflich mit ›Morning!‹ Ich kann euch sagen! Das ist ein komisches Gefühl, wenn man plötzlich die Frau nackt vor sich sieht, mit der der eigene Mann ein Verhältnis hat! Meine Phantasie ging mit mir durch. Mir fiel ein, was Jochen von ihr erzählt hatte. Ich sah's vor mir! Mir wurde übel. Ich sprang von der Pritsche, angelte nach den Holzsandalen, stolperte und wäre fast gegen den heißen Ofen gefallen. Ich stieß die Tür auf, drehte die kalte Brause auf, so hart wie möglich, und stellte mich ohne Bademütze drunter und ließ mir den eiskalten Strahl übers Gesicht laufen.

Ob Susan mich erkannt hat, weiß ich nicht. Sie war ja nicht blind! Vermutlich hat sie was Ähnliches gedacht wie ich. Vermutlich hat Jan mit ihr auch über mich geredet. Wie ich ›war‹. Ich zog mich an, obwohl ich erst einmal im Schwitzraum gewesen war und nicht dreimal wie sonst und ging in den Gymnastikraum; ich mußte meine Aufregung abreagieren. Ich schwang mich auf das lederne Pferd und ließ mich von diesem motorisierten Pferderumpf im Trab und im Galopp durchschütteln. Im Trockenrudergerät saß ein Herr und ruderte aus Leibeskräften, um sich Appetit fürs Mittagessen zu holen. Nach einer Weile klopfte jemand kräftig meinem Pferd auf die Flanken. Es war Jan! Er zog ein Stück Zucker aus der Tasche, legte es in seine Hand, hielt es mir hin. Ich schnappte danach wie ein Pferd, leckte mit der Zunge die Zuckerkrumen auf. Wir lachten.

Die Begegnung in der Sauna war vergessen. Wir bestiegen die Trainingsfahrräder, stellten sie auf starke Steigung ein und unternahmen eine Radtour. Ich hatte endlich mal einen Partner! Jochen treibt keinen Sport, und spielen mag er auch nicht. Mit Jan spielte ich Pingpong und Shuffleboard, Banjo. Alles was ich vor drei Tagen noch öde gefunden hatte, fand ich jetzt herrlich. Susan saß viel in der Bibliothek und las, mit Jochen war sie tagsüber wohl kaum zusammen, er verließ seinen Posten auf dem Sonnendeck nur ungern. Zwischen den beiden war es nur ein Flirt. ›Sexuelle Neugier‹, hat Jochen es später genannt.

Einmal sprach er auch von ›Bordspielen‹. Das war am Morgen des letzten Tages. Gegen Mittag sollten wir in New York eintreffen.

›Sobald das Schiff am Pier anlegt, ist Schluß mit den Bordspielen!‹ Er sagte das kategorisch, zu sich selbst, aber vor allem zu mir. Ich antwortete nicht. Er erwartete auch keine Antwort. Es war eine Feststellung: Schluß mit den Bordspielen. Er hat die Sache zwischen Jan und mir für nichts anderes gehalten.

Alle drängten zur Reling: man sah nach fünf Tagen zum erstenmal wieder Land. Die Bordkapelle spielte. Überall hektische Aufregung und Gedränge. Man hatte mit dem Gepäck zu tun, mit dem Verteilen von Trinkgeldern, man mußte zur Paßkontrolle. Wir hatten nicht einmal Gelegenheit, uns von Jan und Susan zu verabschieden. Aber: ich hatte Jan unsere New Yorker Hoteladresse genannt. Er wollte zwei oder drei Tage in New York bleiben und dann weiterfliegen nach St. Louis. Wir blieben zwei Wochen und hatten die Rückfahrt auf demselben Schiff, aber erst für die nächste Route, gebucht.

Es war unvorstellbar heiß in New York! Wir kehrten von unseren Unternehmungen völlig erschöpft ins Hotel zurück. Wir wohnten Lexington Avenue, Manhattan. Jochen zog sein schweißnasses Hemd aus, warf sich aufs Bett und schaltete den TV ein. Das Zimmer war halbdunkel, die Klimaanlage brummte, auf dem Bildschirm lief das Programm ab. Ich verbrachte Stunden unter der Dusche! ›Du wirst immer dünner!‹ sagte er mißbilligend. Ich spürte, daß er Vergleiche anstellte. Ich legte mich tropfnaß auf mein Bett. Auf dem Bildschirm lief eine Reklamesendung. ›It's a wonderful wonderful world of Salem Cigarettes!‹ Jochen zitiert das noch immer, wenn es mal so richtig heiß ist. Heute lachen wir drüber. Damals lachten wir nicht. Wir lagen schweigend nebeneinander. Jochen behauptete, er lerne am TV amerikanische Aussprache. Ich lernte nichts. Ich war mit meinen Gedanken woanders.« Karin zündete sich eine weitere Zigarette an.

Sigrid zitierte: »It's a wonderful wonderful world of Salem Cigarettes!‹ Jetzt kann ich das auch schon!«

»Am nächsten Morgen fuhren wir mit der Subway auf die ›Fair‹. Mir schien das eher ein Jahrmarkt mit Jux und Nepp zu sein als eine Weltausstellung. Vieles war wie in Dixieland. Federgeputzte Studenten im Sommerjob führten Indianertänze auf, echte Neger rührten die Trommeln. Wir gingen nur dorthin, wo man uns Air condition versprach. Wir machten in bequemen Sesseln motorisierte Ausflüge in die Welt von morgen, sahen phantastische Flugkörper und phantastische Amphibienfahrzeuge. Eine ganze Unterwasserwelt. Nichts schien unmöglich, alles realisierbar. Jochen schwankte zwischen Faszination und Verärgerung. Er ist ja Realist. Wir fuhren auf einem Fließband an Michelangelos Pietà vorüber, das war *die* Attraktion der Fair. Sie stand in Neonlicht getaucht vor einem blaudrapierten Kreuz. Dazu stimulierende Musik!

Jochen mußte zu IBM. Wir trennten uns. Ich landete an einer elektronisch gesteuerten Informationsmaschine, die man fragen konnte, warum man manchmal glücklich und warum man oft so traurig ist. Man brauchte nur ein paar Knöpfe zu drücken, auf denen Symptome angegeben waren. Woran es bei mir lag, weiß ich nicht mehr. Im französischen Pavillon konnte man sich für drei Dollar von einem Pariser Maler porträtieren lassen. Irgendwann nachmittags saßen wir erschöpft im Pavillon der Libanesen und aßen ein Gericht, das wie Kohlrouladen schmeckte und den Preis von Langusten hatte. Aber es war ein reizendes stilles Höfchen, auf dessen weiße Mauern Libanonzedern, Ölbäume und die Säulen der Tempel projiziert waren. Anschließend mietete uns Jochen zwei Kabinen für je eine Stunde und je einen Dollar, wo wir uns ausstrecken konnten und ausruhen. ›Relax‹, to relax nennen das die Amerikaner. Entspannen oder so ähnlich. Als wir leidlich relaxed wieder zum Vorschein kamen, wurden wir mit liebenswürdigem Lächeln gefragt: ›Did you enjoy it?‹ Jochen knirschte mit den Zähnen und sagte ziemlich laut und auf gut deutsch, daß er vor allem das Dollarausgeben genösse. Ich lächelte und sagte, was erwartet wurde: ›We enjoyed it so much.‹ Jochen fügte hinzu: ›Ever so much‹, lachte dann aber auch. Wir blieben bis zum abendlichen Feuerwerk. Jochen hatte sich einen ersten Überblick verschafft und wußte jetzt, in welchem der Pavillons es für ihn Interessantes zu sehen gäbe.«

»Jetzt schweifst du aber sehr ab!« sagte Sigrid.

»Entschuldigt! – Am nächsten Tag wollte er dann allein zur Fair fahren. Ich wollte mich ausruhen, vielleicht in das ›Museum of Modern Arts‹ gehen, außerdem wollte ich einen Bummel über die ›Fifth Avenue‹ machen.

Jochen gab mir zwanzig Dollar. ›Das ist immer noch billiger, als wenn du mitkämest auf die Fair!‹ Und um zehn Uhr rief Jan an! Um elf Uhr wollte er mich vor ›Tiffany's‹ treffen. Ich nahm mir vor, daß ich meinem Mann erzählen wollte, daß ich Jan zufällig auf der Fifth Avenue getroffen hätte, dann wäre es wenigstens nur eine halbe Lüge gewesen. Aber auch das habe ich dann nicht getan.

Habe ich überhaupt erzählt, daß wir – Jan und ich –, im Bordkino ›Breakfast at Tiffany's‹ in der englischen Fassung gesehen hatten? – Nein? Ich kannte den Roman von Truman Capote. Jan behauptete, ich sähe der Holly Goligthly ähnlich. Sie wurde von Audrey Hepburn gespielt.«

»Na also!« warf Karla ein. »An die Holly hätte ich allerdings nicht gedacht.«

»Seitdem nannte Jan mich Holly. Er sagte, ich sei genau wie Holly. Sie war immerhin so was wie ein New Yorker Playgirl! ›A bad little good girl‹, das heißt soviel . . .«

Sigrid protestierte: »Hör mal! Soviel Englisch können wir auch! Du warst bestimmt nicht die Beste in Englisch!«

Karin entgegnete ärgerlich: »Dann übersetzt es besser! Im Deutschen klingt es ganz anders. ›Ein schlechtes kleines gutes Mädchen‹, das kann man doch wohl nicht sagen.«

»Ich würde es mit ›schlimm‹ übersetzen«, schlug Jutta vor. »Ein schlimmes kleines braves Mädchen. Ginge das nicht?«

Sigrid unterbrach sie: »Fangt jetzt bloß nicht an, englische Übersetzungsübungen zu machen! Jetzt wird es endlich spannend! Und dann? Los, Karin! Ihr traft euch am Tiffany? Ist das ein Hotel?«

»Nein! Was denkst du eigentlich? Tiffany ist ein elegantes Juwelengeschäft in der Fifth. Nicht weit vom Central Park. Daß wir uns dort trafen, hatte natürlich seine Bedeutung. Diese Holly Goligthly ging dort immer frühmorgens hin, wenn sie die Nacht verbummelt hatte. Jetzt war es aber schon später Vormittag, und darum lud Jan mich zum ›zweiten Frühstück bei Tiffany's‹ ein. Wir begegneten uns zum ersten Mal auf festem Boden! Trotzdem schien mir, als schwanke die Straße unter meinen Füßen, als ich ihn von weitem sah.«

»Dich hatte es aber ganz schön erwischt«, stellte Sigrid fest. Man konnte ihrer Stimme nicht anmerken, ob das eine mitleidige oder eine anerkennende Bemerkung war.

Karin sah sie einen Augenblick an. »Ja. Mich hatte es ganz schön erwischt. Seit ich Jochen kannte, war mir das nicht mehr passiert. Ich hatte tatsächlich das Gefühl: es war passiert. Da kann man gar nichts machen. Das ist unvermeidlich. Schicksal!

Jan faßte nach meiner linken Hand, die Rechte hielt er sowieso schon fest. Ich hatte morgens den Ring wieder an den Finger gezogen. Er konstatierte das mit Befriedigung. ›Du solltest immer solche Ringe tragen, Holly!‹ Er zog mich durch die Tür von Tiffany. Wir schlenderten von Vitrine zu Vitrine. Es gab unvorstellbar schöne Schmuckstücke. Ich war wie geblendet! Bis dahin hatte ich angenommen, ich machte mir nichts aus Schmuck. Jochen hatte mich mal gefragt, ob ich gern einen Ring hätte. Aber im Grunde haben wir dafür doch gar kein Geld.

Wir blieben länger als eine Stunde im Tiffany, dann schickte Jan mich nach draußen. ›Warte vor dem Geschäft auf mich. Ich habe noch etwas zu erledigen.‹ Ich setzte mich auf den Rand eines Springbrunnens und kühlte mir die Hände. Es war schon wieder sehr heiß. Meine Beine waren noch müde vom Tag zuvor.

Aber als Jan vorschlug, daß wir eine Stück durch den Central Park gehen wollten, war meine Müdigkeit wie weggefegt. Er kannte New York. Er war ein großartiger Reiseführer. Ich hatte meinen New York-Führer unter dem einen Arm, am anderen meinen lebendigen großen Reiseführer Jan. Ich war zum ersten Mal in einer richtigen Weltstadt. Ich ging wie auf Wolken!

Wir setzten uns auf eine der blanken Felsplatten, die im Central Park überall aus dem Rasen hervorkommen. Dort war es schattig und auch ein wenig windig. Jan zog ein Etui aus der Tasche und legte es mir in den Schoß. Ich öffnete es. Er hatte mir bei Tiffany einen Ring gekauft! Eine

Kopie meines Knallbonbonringes. Nur daß dieser aus Weißgold war und nicht aus Silber und einen großen Brillanten hatte und keinen Glassplitter. Ich hielt die Ringe nebeneinander. Ein Sonnenstrahl fing sich in dem Brillanten. Er sprühte hundertfach Funken.

Jan küßte seine Holly Golightly, und Holly Golightly ging mit ihm und blieb bis zum Abend mit ihm zusammen. Am späten Nachmittag bummelten wir durch ›Modern Arts‹, damit ich ein Alibi hätte. Die Ringe hatte ich ausgetauscht. Ich rechnete nicht damit, daß Jochen den echten von dem unechten Ring unterscheiden könnte. Solche Dinge fallen ihm nicht auf.

Jan mußte am nächsten Morgen vom Kennedy-Flughafen abfliegen. Susan hatte den Tag bei einer Freundin in Brooklyn verbracht. Wir trennten uns an einer Subwaystation. ›Ich schreibe dir an die Reederei, Holly. Ich weiß ja, wann das Schiff ausläuft!‹

Das war sein letzter Satz, an den klammerte ich mich. Ich ging langsam zum Hotel. Den einen Ring am Finger, den andren in der Tasche. Als ich ins Vestibül kam, saß Jochen bereits in einem Sessel und las Zeitungen. Ich setzte mich zu ihm und fragte mit einem Lächeln, von dem ich spürte, wie falsch es war: ›Did you enjoy the Fair?‹ Er sagte: ›Ever so much.‹

Er berichtete, ohne mich dabei anzusehen, daß Susan vor wenigen Minuten angerufen hätte. Man habe beschlossen, zusammen im ›Village‹ auszugehen. Heute abend. Ich solle mich fertigmachen. Die beiden würden uns in einer halben Stunde abholen. Ich schlug vor, daß er allein gehen sollte, ich sei einfach zu müde. Er sah mich prüfend an. Ich glaubte, er müßte mir alles vom Gesicht ablesen können. Ich willigte vorsichtshalber rasch ein. ›Also gut, ich ziehe mich um.‹ Oben stand ich minutenlang vorm Spiegel. Ich kam mir wahrhaftig vor wie diese Holly Golightly. Ein schlimmes braves Mädchen. Schlimm, vor allem schlimm!

Susan und Jan waren schon eingetroffen, als ich wieder ins Vestibül kam. Wir nahmen ein Taxi und fuhren ins Village. Jan kannte sich aus. Wir aßen auf Dollarbasis. Für das Geld, das wir an jenem Abend ausgegeben haben, leben wir zu Hause eine ganze Woche. Susans Blick blieb irgendwann auf meiner Hand haften. ›Sie tragen den Talmiring ja noch immer, dear? Er sieht wahrhaftig aus wie echt!‹

Sie beobachtete mich. Den ganzen Abend schon. Abwechselnd blickte sie von ihrem Mann zu mir und dann wieder zu ihm. Jan kümmerte sich nicht um mich, das war wohl Absicht. Ich war einsilbig. Der Abend war ebenso teuer wie mißraten. Wir wechselten dann nochmals das Lokal, saßen in einem exklusiven Künstlerkeller und tranken Bourbon. Jochen fing an, ziemlich zweideutig über ›Bordspiele‹, er nannte es: ›Spiele auf und unter Deck‹, zu reden. Ich dachte, daß es jeden Augenblick zu einer Katastrophe kommen würde. Mittlerweile hatten wir alle zuviel getrunken. Meine Nerven waren überreizt.

Wie der Abend dann weiter verlief, weiß ich überhaupt nicht mehr. Wir landeten später im Rockefeller Center. Es mußte längst Mitternacht vorbei sein, aber die Außenrestaurants waren noch besetzt. Die Nacht war warm. Jan wollte plötzlich noch tanzen gehen. Jochen schlug vor: ›Ihr könnt ja noch mal ein Tänzchen machen!‹ Es klang gemein und beleidigend.

Wir standen gerade vor einer der angestrahlten Fontänen. Ich hielt meine Hände unter den Wasserstrahl. Der Brillant versprühte durchs Wasser hindurch sein Feuer. Ich zog ihn unbemerkt vom Finger, wechselte ihn gegen den Woolworthring aus und hielt den Talmiring triumphierend den dreien hin. Ich rief ›Schluß jetzt mit den Bordspielen!‹ und warf den Ring in den Brunnen. Ich war hysterisch. Gleichzeitig aber tief befriedigt von dieser Idee. Ich rief Susan und Jan noch zu: ›Have a good time.‹, drehte mich um und lief weg. Nach hundert Metern hatte

Jochen mich eingeholt. Er nahm mich am Arm und führte mich ins Hotel, ohne ein Wort.

Als ich wach wurde, lief der TV schon wieder, und das erste, was ich hörte war: ›It's a wonderful wonderful world of Salem Cigarettes!‹

Jochen rasierte sich gerade. Er steckte seinen Kopf durch die Badezimmertür und wiederholte, daß dies eine wundervolle, ganz wundervolle Welt wäre. Er hatte von da an täglich geschäftliche Besprechungen. Ich bekam morgens ein paar Dollar in die Hand gedrückt. Manchmal trafen wir uns zum Essen, meist verbrachte ich den Tag allein. Das war mir nur recht. Ich ging zum zweiten Frühstück nach Tiffany, steckte mir heimlich meinen, also Jans Brillantring an den Finger. Dann ging ich im Central Park spazieren, saß auf einem der Stühlchen zwischen den jungen Frauen, die ihre Kinder auf dem Rasen spielen ließen und dachte an Martin. Mittags aß ich eine Kleinigkeit in einem Drugstore. Einmal saß ich stundenlang in einer kleinen Kirche. Sie heißt ›Little Church around the corner‹. Das ist die Hochzeitskirche der New Yorker. Drei Trauungen. Nach presbyterianischem Ritus. Mir liefen die Tränen übers Gesicht, weil ich an meine eigene Hochzeit dachte. Ich hatte das Gefühl, meine Ehe mit Jochen wäre vorbei. Da sei einfach nichts mehr zu retten. Mir war wehmütig zumute. Gleichzeitig fieberte ich danach, Jans Brief zu bekommen. Ich ließ mir die Haare wie Audrey Hepburn schneiden und kaufte mir ein Kleid und einen Mantel bei Macy's, das ist eines der großen Warenhäuser. Jan fand, daß eine Frau ihren Typ stilisieren müsse. Wenn ich mich in den Schaufensterscheiben spiegelte, erkannte ich mich kaum wieder. Jochen schien nichts zu bemerken. Er hatte anderes im Kopf.«

Karin machte eine Pause, zündete sich eine Zigarette an. Als sie dann weitererzählte, klang ihre Stimme normal, wie sonst. Entzaubert.

»Also: Es war kein Brief da. Ich fragte den Kabinensteward. Ich fragte in der Zahlmeisterei. Ich bat, in der New Yorker Filiale der Reederei anzurufen. Nichts! Man vertröstete mich auf Southampton. Aber ich wußte ja, daß dies die einzige Gelegenheit war. Jan kannte nicht mal unsere Heimatanschrift. Ich war nervös, verzweifelt, und reagierte gereizt, wenn Jochen mich etwas fragte, entschuldigte mich und schob es aufs Wetter.

Es war tatsächlich etwas mit dem Wetter. Ein Hurrican näherte sich von Süden her. Unser Schiff versuchte ihm auszuweichen. Wir fuhren bis in die Höhe von Neufundland und hatten binnen weniger Stunden einen Klimasturz von nahezu 20 Grad, wir bekamen Windstärke 6, und eine Stunde später war es Windstärke 8, dann 9. Über die Decks und auf den Treppen waren Haltetaue gespannt, an denen man sich entlang hangelte. Falls man das noch konnte! Überall Papptüten, leere und benutzte. Manche erreichten nicht mal mehr die nächste Tüte. Auf der Wetterkarte, die auf dem Promenadendeck aushing, stand tagelang ›very rough sea‹. Sehr rauhe See. Selbst Jochen gab seinen Deckstuhl auf. Er machte die Seekrankheit in einer kurzen heftigen Attacke ab. Er wollte nur allein sein und schickte mich fort.

Ich wickelte mich in meinen Regenmantel und ging an Deck. Ich klammerte mich an die Reeling und heulte. Mir war physisch genauso elend wie psychisch. Ein alter Amerikaner tippte mir auf die Schulter, erkundigte sich mitleidig, ob ich ›seasick‹ wäre. Ich schüttelte den Kopf, ich war nicht seekrank. Er fragte: ›Homesick‹, ob ich heimwehkrank wäre. Ich schüttelte heftig den Kopf. Er tippte auf sein Herz, fragte: ›Love? Lovesick?‹ Ich nickte, verzog den Mund und probierte zu lächeln. ›Have a drink, girl! Come on!‹ Ich schüttelte den Kopf noch heftiger.

Das Wetter besserte sich nicht. Die See blieb stürmisch bis bewegt. Immer so um Windstärke 6 oder 7. Die Passagiere gewöhnten sich daran. Das Vergnügungsprogramm lief ab. Galaabend und Bayrischer Bierabend, wie bei der

Hinfahrt. Bis zu den Knallbonbons wiederholte sich alles. Ich zog ein Celluloidbaby. Jochen hatte die Seekrankheit überwunden, aber er nahm es übel, daß die Sonne nicht schien und er nicht an Deck liegen konnte. Er nahm alles übel. Irgendwie schien ich an allem schuld zu sein. Ich wurde immer gereizter. Das hatte noch einen andern Grund.

Wenn ich soviel erzählt habe, kann ich das auch noch erzählen. Ich hatte Grund anzunehmen, daß ich –, ich meine, versteht ihr? Ich dachte, ich kriegte ein Kind! Das konnte natürlich von Jochen sein, aber auch von Jan. So was war mir passiert! Eine richtige Holly Goligthly! Ich verabscheute mich. Ich war wütend auf meinen Mann, er hätte mich nicht in diese Sache hineintreiben dürfen. Er hatte mit dieser Auster, mit dieser Susan, angefangen.

Schließlich fiel es Jochen dann doch auf, daß etwas nicht stimmte. Er fragte mich ganz direkt: ›Trauerst du etwa diesem Jan nach? Du machst dich doch lächerlich! Glaub doch nicht, daß der je wieder etwas von sich hören läßt. Diese Sorte Männer kennt man doch. Aalglatt! Ein Kompliment hier, ein kleines Präsent da. Das Ganze war ein unverbindlicher Tausch der Partner, nicht korrekt, natürlich nicht. Aber andere Leute machen so was auf jeder Party! So was macht doch keine Ehe kaputt! Das ist ganz legale sexuelle Neugier, das kannst du bei Kinsey nachlesen! Eine kleine Abwechslung. Eine Verjüngungskur für die Ehe!‹

Während er redete, wurde ich nur noch verzweifelter und zorniger. Ich holte mein Portemonnaie aus der Tasche, nahm Jans Ring heraus, hielt ihn Jochen hin. Bitte! Sieh dir das mal ganz genau an! Ist das vielleicht ein ›Kompliment hier, ein kleines Präsent da‹ – ich ahmte ihn mit verächtlicher Stimme nach. ›Kein Mann macht solche Geschenke, wenn es ihm nicht ernst ist. Dies ist nicht bloß ein Brillantring! Dies ist ein Versprechen! Ein Beweis!‹

Jochen betrachtete erst den Ring, dann mich. Er sah

mich an, als hätte ich nun völlig den Verstand verloren, nahe genug dran war ich ja auch. ›Was redest du da für Unsinn? Ein Brillantring? Versprechen? Beweis? Das ist der Knallbonbonring. Das waren Bordspiele. Komm doch zu dir, Karin!‹

›Sieh doch genau hin‹, schrie ich ihn an. ›Kannst du denn nicht mal einen Woolworthring von einem Ring von Tiffany's unterscheiden? Der Woolworthring liegt im Brunnen!‹ – ›Nein‹, sagte Jochen ganz ruhig, ›ich kann lediglich sehen, daß dies ein unechter Ring ist.‹

Mein Mann hatte recht!«

Sigrid stöhnte auf. »Soll das heißen –?!«

Karin fuhr fort. »Ja, ja das soll es heißen! Ich hatte an dem Abschiedsabend in New York meinen Brillantring, den einzigen, den ich je besessen hatte, in den Brunnen geworfen und den Woolworthring aufbewahrt und gehütet wie ein Kleinod.«

Sigrid sagte: »Das ist doch verrückt! Das ist die verrückteste Geschichte, die ich je gehört habe! Weiter, los weiter, warst du wirklich schwanger? Mein Gott, da ist etwa deine kleine Marion –«

Karin wehrte ab. »Nein! Ich war natürlich nicht schwanger. Eine biologische Unregelmäßigkeit, vermutlich durch den Klimawechsel. Noch bevor wir von Bord gingen, war alles wieder in Ordnung. Nicht nur biologisch! Auch zwischen meinem Mann und mir. Ich kam zur Besinnung, und er hat mir dabei geholfen. Ich hatte Jans Ring weggeworfen. Aus Versehen? Daran glaube ich nicht! Ich hielt es für mein besseres Ich, das instinktiv richtig gehandelt hatte. Jochen benahm sich großartig. Er kümmerte sich um mich, war fürsorglich und freundlich. Er hatte plötzlich begriffen, was auf dem Spiel stand. Ich war immer noch erschrocken über mich selbst. Ich wußte vorher einfach nicht, daß so etwas in meiner Natur lag. Ich glaube, ich habe erst am Ende dieser Reise begriffen, was ich an meinem Mann habe.

Als wir wieder zu Hause waren, tat ich den Woolworthring in eine Dose, in der ich Krimskrams aufhebe. Jetzt spielen die Kinder damit. Ein Jahr nach der Amerikareise wurde Marion geboren. Auf gewisse Weise hatte Jochen recht gehabt: Diese Bordspiele haben uns gutgetan. Wir wissen seitdem, was uns unsere Ehe wert ist.«

Karin war mit ihrer Geschichte fertig. Aber die andern noch nicht. Sigrid konnte sich nicht beruhigen, sie sagte mehrmals: »Wirft einen Brillantring in den Rockefellerbrunnen! Du mußt ja ganz schön betrunken gewesen sein!«

»Das war ich auch!«

Jutta erkundigte sich, ob Karin wirklich nie mehr etwas von diesem Jan und seiner Susan gehört hätte?

»Gehört? Nein, jahrelang nicht«, sagte Karin. »Ich hatte die Geschichte fast vergessen, sie fiel mir allenfalls noch ein, wenn wir unsere Amerika-Dias vorführten.

Eines Tages kamen die beiden mit dem Wagen vorbei. Auf dem Weg nach Berlin. Die Adresse hatten sie über die Reederei bekommen. Sie standen plötzlich vor der Tür, wie alte Bekannte. Sie bewunderten unsere Kinder, wir bewunderten ihre Kinder auf Fotos.

Im Laufe des Abends prostete Jan mir zu. Er rief über den Tisch hinweg: ›Cheers! Holly Goligthly! Sie haben mir den kleinen Scherz mit dem Ring von Tiffany's doch nicht übelgenommen? Bei Tiffany's bekommt man vorzügliche Imitationen, noch besser als bei Woolworth!‹

Ich hatte genug Geistesgegenwart, den Kopf zu schütteln und zu lächeln. Ich sah nicht ihn an, sondern Jochen, ich wollte ihn hindern, daß er mich verriete. Aber das war nicht nötig. Wenn es drauf ankommt, ist er nicht nur mein Mann, dann ist er auch mein Komplice. Er prostete unseren Gästen zu und sagte: ›It was a wonderful wonderful time!‹ Schluß! Ende!«

Einen Augenblick blieb es still, dann sagte Sigrid: »Also irgendwie hat mich deine Geschichte enttäuscht. Euch nicht?« Sie sah die Freundinnen nacheinander an. Bevor eine antworten konnte, klingelte es an der Wohnungstür. Marianne stand auf. »Das sind die Kinder, sie kommen vom Flötenunterricht.«

»Wenn das bei euch wie bei uns ist, dann ist es jetzt mit der Ruhe aus«, sagte Karin.

»Ich schicke die beiden gleich nach oben zur Schwiegermutter. Die freut sich, gibt ihnen Cola und läßt sie fernsehen, alles, was ich sonst nach Möglichkeit verhindere! Aber wie ist es mit uns? Soll ich nicht ein paar Butterbrote richten?«

Allgemeiner Widerspruch. Nur keine Umstände! Die Sachertorte war ja gut!

Marianne bestand darauf, zitierte: »›Gold und Silber habe ich nicht, aber was ich habe, gebe ich gern‹, sagt Matthias Claudius.«

»Paßt ja vorzüglich: Silber und Gold!«

»Unsere schöngeistige Marianne!«

Sigrid war ebenfalls aufgestanden. »Jetzt muß ich anrufen! Wenn ich nicht jeden Abend angebe, was gegessen werden soll und wann die vier ins Bett müssen, auf die Minute, jeder zu einer anderen Zeit, dann klappt der Laden nicht. Entschuldigt! Karin! Geh ins Badezimmer und stell fest wieviel Lebendgewicht dich dein Geständnis gekostet hat. Ich schätze 50 Gramm!«

»Wenn du telefoniert hast, muß ich auch anrufen. Jochen hat keine Ahnung, daß ich länger bleibe. Was meint ihr, wie lange wird es dauern? Für jeden eine reichliche halbe Stunde? Jutta – du bist die nächste!«

Juttas Stimme klang bereits erregt: »Ich weiß. Aber mein Mann will mich in einer Viertelstunde abholen!«

»Dann mußt du als erste telefonieren und ihm eine spätere Zeit angeben«, ordnete Sigrid an.

Jutta zögerte noch. »Aber der Junge! Er ist es gewöhnt, daß ich ihn ins Bett bringe und mit ihm bete.«

»Dann muß eben mal dein Mann ihn ins Bett bringen

und abbeten! Herbert bringt die Kinder mit dem größten Vergnügen zu Bett! Anschließend kann man dann das Badezimmer renovieren lassen.«

»Mein Mann –«

»Erbarmen mit den Frauen!« unterbrach sie Karla, die den Verhandlungen amüsiert gefolgt war. »Was seid ihr für abhängige erbarmungswürdige Geschöpfe! ›Aber mein Mann!‹ ›Aber die Kinder!‹ Seht mich an. Ich kann kommen und gehen, wann ich will. Ich setze mich ins Auto und schlage die Wagentür zu, und alle weiteren Entscheidungen treffe ich, wie es sich ergibt. Ich bin keinem Menschen, geschweige denn einem Manne, Rechenschaft schuldig.«

»Arme Karla!« sagte Sigrid und meinte es ehrlich.

Karla erwiderte ihren Blick, zunächst mit ironischem Lächeln, dann aber ernst. »Vielleicht ›arme Karla‹. Kann sein, daß wir heute abend noch herausbekommen, wer denn nun reicher und wer ärmer ist.«

Mittlerweile hatte Marianne Tee gekocht und kam mit einer Platte belegter Brote zurück.

»Wer soll das alles essen?« fragte Birgit.

»Ich!« erklärte Sigrid und half beim Tischdecken. »Aufregung macht mich immer hungrig. Euch nicht?«

»Oder hättet ihr lieber Wein getrunken? Wir haben aber nur so einen Kalterer See, wenn euch der genügt?« Marianne sah Sigrid unsicher an.

»Geht das schon wieder los, Marianne! Tee ist genau richtig, der macht uns wieder nüchtern und belebt uns außerdem. Ich war regelrecht beschwipst.«

Während des Essens kam kein Gespräch zustande. Man reichte sich Zuckerdose und Salzstreuer. Karin fand, daß es wie ›schulfrei‹ wäre, eigentlich mal ganz hübsch, keine quengligen Kinder ins Bett bringen zu müssen.

»Ins Bett bringen, das ist hübsch! Dann sind sie noch süß. Aber dann, wenn man sie nur noch ins Bett schicken muß!«

Marianne schenkte nochmals Tee ein, nötigte nach rechts und nach links. »Greift doch zu!«

»Verzögere es nicht, Marianne! Du kommst auch noch an die Reihe!«

»Aber zuerst Jutta!«

Jutta saß mit verkrampften Händen da. »Ich weiß es!« Ihre Stimme klang belegt.

»Du brauchst dich doch nicht aufzuregen! Wir sind doch unter uns! Jeder gibt doch ein Geheimnis preis, das hebt es irgendwie wieder auf!«

»Mir ist es auch nicht leicht gefallen!« gab Birgit zu.

»Meint ihr etwa mir?« fragte Karin.

»Warum tun wir's dann? Es zwingt uns doch keiner.«

»Jetzt haben wir damit angefangen und jetzt machen wir weiter! Meinst du Karin und Birgit und ich, wir ziehen uns hier aus, und ihr seht euch das an, amüsiert euch und geht nach Hause? Den Ring auf den Tisch!«

Jutta streifte den Ring vom Finger. Er ging reihum. Marianne holte eine Lupe, damit man die Kamee aus blaßroter Koralle geschnitten, deutlich erkennen konnte. Jutta gab die sachlichen Erläuterungen. Es handelte sich um eine Allegorie des Frühlings. Die Rückansicht einer tanzenden Frau. Als Vorbild hatte ein Wandbild aus Pompeji gedient, das heute im Nationalmuseum in Neapel hängt. ›La primavera.‹

Karla erinnerte sich, es gesehen zu haben.

Sigrid schob sich den Ring auf den Zeigefinger. »Wie steht er mir? Irgendwie paßt er nicht zu den übrigen.«

»Gib ihn her!« Diesen Ton kannte man nicht an Jutta. Sie entschuldigte sich sofort. »Es ist eigentlich gar nicht meine Geschichte, nur indirekt. Es ist die Geschichte dieses Ringes. Ich kann nicht ertragen, ihn an einer anderen Hand zu sehen. Wenn meine Geschichte zu Ende ist, werdet ihr wissen, warum.«

»Das klingt ja ganz tragisch!«

»Es ist tragisch, Karin! Mein Mann hat mir diesen Ring am Abend unserer Hochzeit an den Finger geschoben. Seit Generationen hat er sich auf die Frauen der erstgeborenen Söhne der Morellis vererbt. Ich heiße jetzt Morelli«, sagte sie zu Karla, die daraufhin zustimmend nickte. »Ich war überrascht und glücklich und stolz. Ich fragte, wer den Ring vor mir getragen hätte. ›Deine Mutter? Hast du ihn für mich aufbewahrt?‹ Ich benahm mich wie eine Achtzehnjährige, dabei war ich fast dreißig und er damals schon Mitte Vierzig.«

»Dann ist er ja heute schon über Fünfzig?« warf Karin ein. »Wenn man euch nebeneinander sieht, hält man euch für gleichaltrig.«

»Stimmt.« Jutta stellte das ganz sachlich fest. »Ich sehe viel älter aus als ihr. Das ist doch oft so, wenn ein Mann eine wesentlich jüngere Frau heiratet. Viele meinen, daß der Mann sich dann verjüngt, aber in den meisten Fällen altert die Frau früher.«

»Du tust, als ob dir das nichts ausmacht!«

»Es ist eine Tatsache. Ob es mir nun was ausmacht oder nicht. Der Ältere prägt den Jüngeren. Der Mann würde sich lächerlich machen, wenn er sich auf die Lebensstufe der jungen Frau begäbe. Außerdem möchte ich nicht aussehen wie die Tochter meines Mannes, sondern wie seine Frau!«

»Werdet doch nicht schon wieder grundsätzlich!« mahnte Sigrid. »Auf diese Weise kommt Jutta überhaupt nicht in Schwung. Du hast ihn gefragt, wer den Ring zuletzt getragen habe, und er hat gesagt –«

»Nichts! Er hat nichts gesagt! Er hat mich geküßt. ›Frag mich später noch einmal danach.‹ Damit wäre die Geschichte fast zuende, denn ich hatte vergessen, danach zu fragen, was mit dem Ring los sei. Ich trug ihn, wie man ein Familienerbstück eben trägt, gedankenlos. Mittlerweile wußte ich, daß er von seiner Urgroßmutter stammt. Sie hieß Rosetta, ihr Vater war Fischer auf Elba. Sie heiratete

Giulio Morelli, einen Kaufmann aus Piombino, vom Festland. Eisenhandel. Er war nicht reich, aber schon damals wohlhabend. Er tätigte Geschäfte in Rom und in Neapel, und aus Neapel soll er seiner Braut Rosetta den Ring mitgebracht und ihn ihr zur Hochzeit geschenkt haben. Sie war seine zweite Frau. Die erste war kinderlos gestorben. Rosetta war wohl erst 16 Jahre alt. Er erhoffte sich Kinder, vor allem einen Erben. Die hat er dann auch bekommen. Sechs Söhne und vier Töchter! Luigi Morelli, der Älteste, kam bis nach Deutschland, das Geschäft weitete sich aus, er lernte ein Mädchen kennen und heiratete in das Geschäft ihres Vaters ein. Seine Eltern kamen nicht zur Hochzeit, aber die Mutter schickte diesen Ring und schrieb ihm, daß er ihn seiner Frau übergeben sollte. Seitdem heißt er der ›Hochzeitsring‹.

Wir waren glücklich! Wir sind glücklich! Ich habe nie nach seiner – Matthes' – Vergangenheit gefragt. Mein eigenes Leben schien mir lediglich zur Vorbereitung auf den Augenblick gedient zu haben, in dem ich Matthes begegnete. Vorher war alles unklar und verworren. Ich war mit meinem Beruf nicht zufrieden, damals war ich noch Referendarin. Zweimal war mir eine Liebesgeschichte schiefgegangen. Jedesmal brauchte ich Jahre, bis ich drüber wegkam, und plötzlich: Matthes. Das war wie ein Aufatmen. Die andren Männer waren einfach falsch für mich gewesen. Ich brauchte einen Mann, der die Führung übernahm. Ich bin keine selbständige Frau. Matthes sagt manchmal, ich sei ›brauchbar‹. Für ihn bin ich das. Ich litt vorher unter Minderwertigkeitskomplexen.«

»Du?« Die anderen fragten das im Chor. »Bei deiner Intelligenz!«

»Du warst doch mal die Beste!«

»Ich wußte einfach immer zu gut, was ich nicht konnte, und Matthes sah, was ich kann. Ich tauge zur Mitarbeiterin, zu sonst nichts.«

»Du machst das großartig«, sagte Birgit, »man denkt, du

wärst Zahnärztin. Das ist doch ideal, wenn man zusammenarbeiten kann! Ich beneide dich! Dann ist man gleichzeitig müde und gleichzeitig mit der Arbeit fertig, man hat die gleichen Interessen.«

»Es ist auch ideal! Klaus ist jetzt fast fünf, und wenn er nicht gerade im Kindergarten ist, öffnet er bereits die Tür, wenn es klingelt. Ein richtiger Familienbetrieb! Die Patienten mögen das gern. Neulich hat Klaus gefragt: ›Tut's sehr weh? Pappi macht das in Ordnung!‹«

»Jutta! Du schweifst ab!«

»Also gut! Aber von Kläuschen würde ich lieber erzählen!«

»Das tust du an allen anderen Donnerstagnachmittagen!«

»Klaus war damals etwa zwei Jahre alt, da fand Matthes eines Tages, ich müßte mich von der Familie und der Praxis erholen. Er selbst wollte an einem Fortbildungskursus teilnehmen. Er hat sich ja dann später ganz auf Kieferchirurgie spezialisiert. Klaus kam zu meinen Eltern, und ich fuhr nach Oberstdorf. Matthes sagt, Oberstdorf sei so eine gute Mischung aus Kurort und Kuhdorf. Es war Mitte Mai. Auf den Bergen war noch Winter, in den Hochtälern Vorfrühling, und in Oberstdorf blühten schon die Pfingstrosen. Die Skiläufer waren fort und die Bergsteiger noch nicht da, den einen fehlte der Schnee, den andern war noch zuviel Schnee da. Die wenigen Kurgäste alle über Fünfzig. Sie trugen Lodenkostüme, Trachtenhüte, Wanderstöcke und gingen damit zünftig im Kurgarten spazieren. Weiter als zum Moorbad oder zur Lorettokapelle kam kaum jemand. Ich schrieb meinem Mann, ›ich unterhalte mich vormittags mit der Trettach und nachmittags mit der Stillach, beide lassen mich kaum zu Wort kommen!‹ Erst ging ich gegen den Strom, nach etwa zwei Stunden überquerte ich ihn, folgte dann seinem Lauf, das belebte mich, beflügelte meinen Schritt. Manchmal sang ich, manchmal deklamierte ich Gedichte: ›Rausche Fluß das Tal entlang, ohne Rast und Ruh, rausche flüstre meinem Sang Melodien zu –«

Karin fiel ein: »›Wenn du in der Winternacht, wütend überschwillst, oder in die Frühlingspracht junger Knospen quillst!‹ Goethe: ›An den Mond!‹ Das kann sogar ich noch! Sieh zu, daß du zur Sache kommst!«

»Laß ihr doch Zeit!« sagte Birgit, »Jutta ist anders als du!«

Jutta fuhr unbeirrt fort: »Frühlingspracht? Spröder Bergfrühling! Anemonen im braunen Laub, auf den Wiesen kurzstielige Primeln. Ich pflückte Sträuße, kam müde zurück und erholte mich. Von meinem Bett aus konnte ich beobachten, wie die Sonne dem Schnee zuleibe ging.

Solange ich draußen war, machte es mir nichts aus, allein zu sein. Aber im Speisesaal des Hotels saß ich auch allein an einem kleinen Tisch. Die Fensterplätze waren von den Ehepaaren beschlagnahmt. Hätte ich Matthes nicht geheiratet, wären meine Ferien vermutlich immer so verlaufen. Als Assessorin, als Studienrätin, Oberstudienrätin. Bildungsreisen nach Italien, Griechenland und Ägypten, in zwanzig oder dreißig Jahren unweigerlich nach Oberstdorf. Der Gesundheit wegen, der guten Mischung aus Kuhdorf und Kurort wegen. Ich habe oft drüber nachgedacht, wenn ich so allein an meinem Tischchen saß! Ich trank gute Allgäuer Milch und aß Allgäuer Kässpätzle, und nach einer Woche hatte ich gute fünf Pfund zugenommen. Die Abende waren ein Problem. Ich versuchte es mal im ›Hirschen‹ und mal im ›Trettachstüble‹, in meinem Zimmer mochte ich nicht bleiben. Als ich zum zweitenmal in die ›Traube‹ kam, begrüßte mich bereits die Wirtin; sie nickte mir zu und erkundigte sich nach meinem Befinden. Ich saß dann regelmäßig dort, trank mein Viertel Rotwein. Am Stammtisch saßen Einheimische: Bauern, Bergsteiger, Skilehrer, den Hut im Nacken, bärtig, wie aus dem Lesebuch. Außer mir waren kaum Fremde im Lokal. Eines Abends war mein Tisch besetzt! Ich zögerte zunächst, dann setzte ich mich dazu. Eine Frau, vielleicht fünf Jahre älter. Ich hätte gegen eine Unterhaltung nichts einzuwenden gehabt, wußte aber nicht, wie ich sie hätte anfangen sollen. Ich trank meinen Wein, rauchte, das hatte ich mir dort angewöhnt, dann merkte ich, wie diese Frau anfing, mich zu beobachten. Ihre Blicke saugten sich an mir fest, an meinem Gesicht, an meinem Körper. Wie Fliegen! Nicht genug damit, sie faßte plötzlich nach meiner Hand. Im selben Augenblick wußte ich, ganz instinktiv – ich habe nie im Leben damit zu tun gehabt: die ist lesbisch. Ich wollte meine Hand wegziehen. Sie hielt sie fest.

›Ich tue Ihnen doch nichts!‹ sagte sie, ›Sie tragen einen hübschen Ring!‹ Wenn ich nicht rasch den Finger abgewinkelt hätte, hätte sie ihn mir abgestreift. In diesem Augenblick kam die Wirtin vorbei, sah uns Hand in Hand und sagte: ›Ah – Sie haben Bekanntschaft geschlossen‹ und ging an den nächsten Tisch.

›Einen Ehering tragen Sie auch –?‹ fragte mich die Fremde und nannte mich beim Namen. ›Frau Morelli!‹ So häufig ist der Name ja nicht. ›Wie geht es ihm?‹ fragte sie. ›Ihm – wem?‹ fragte ich, ich schaltete überhaupt nicht. ›Matthes! Unserem guten alten Matthes! Der Hochzeitsring der Familie Morelli! Die Allegorie des Frühlings! Hat er Ihnen das auch alles erzählt?‹

Ich schwieg. Ich war gar nicht in der Lage zu sprechen.

›Ich habe den Ring auch getragen. Er stand mir gut! Zeigen Sie doch mal, ob er mir noch paßt!‹

›Nein!‹ Ich habe überhaupt außer ›Nein‹ nichts gesagt, nur in Abständen: Nein – nein – nein!

›Interessiert Sie nicht, wer ich bin?‹

›Nein!‹

›Ich bin Monika, hat er Ihnen nie etwas von Munki erzählt?

›Nein!‹

›Hat er Ihnen nicht erzählt, daß wir verlobt waren?‹

›Nein!‹

›In gewisser Weise waren wir natürlich verheiratet, sonst hätte er mir den Ring ja nicht gegeben. Vor unserer ersten Nacht schob er ihn bedeutungsvoll über meinen Ringfinger. Er zog ihn aus der Westentasche! Trägt er immer noch Westen? Damals trug kein Mensch Westen! Er erzählte mir die rührende Geschichte von den Bräuten der Morellis! Und sagte: Jetzt bist du meine Frau! Meine Eltern fanden ihn ideal, ein idealer Schwiegersohn. Er hätte die Praxis meines Vaters übernehmen können, ich hätte mitgearbeitet, ich war schon fertige Laborantin. Es stimmte alles fantastisch. Wie mit einem Computer ausgesucht.‹

Sie goß sich aus meiner Karaffe Rotwein nach. ›Wollen Sie nicht wissen, warum es auseinanderging –?‹

›Nein!‹ Mein Nein klang wohl nicht überzeugend.

›Es paßte eben doch nicht alles! Verstehen Sie? Ja, genau das, was Sie jetzt denken. Er dachte, es läge an ihm, und ich dachte auch, es läge an ihm. Ich hatte so gut wie keine Erfahrungen mit Männern. Wir gaben nicht gleich auf! Es paßte doch sonst alles so gut zusammen, wissen Sie? Die Praxis und die Berufe und das Alter, verlobt waren wir auch schon. Wir fuhren sogar noch zusammen nach Italien. Da kam dann das ganze Malheur zutage. Besser da als bei der Hochzeitsreise! Wir redeten nicht drüber, wer spricht denn über so was? Vielleicht hätte ein Psychoanalytiker helfen können? Er war ganz normal, ich dachte, ich wäre es auch. Etwa nach einer Woche hatte ich genug. Ich konnte ihn einfach nicht ertragen, verstehen Sie. Rein physisch nicht ertragen. Ich bin auf und davon, den Ring habe ich ihm auf's Bett gelegt. Nur meine Handtasche mit Paß und Geld habe ich mitgenommen, und dann bin ich nach Rom gefahren und habe mich von Matthes und den Männern erholt.‹

Inzwischen hatte ich Geld auf den Tisch gelegt und war aufgestanden. Mühsam! Sie sagte: ›Wollen Sie nicht bleiben, bleiben Sie doch!‹

Ich sagte: ›Nein!‹ schob den Tisch zurück, stieß ein

Glas um, ging schwankend durchs Lokal, kam auf die Straße, lehnte mich gegen die Mauer und versuchte zu Atem zu kommen. Da ging hinter mir die Tür auf. Ich wußte, daß es diese Frau war! Ich rannte los, in falscher Richtung, aber sie holte mich ein. Ich blieb stehen, sie auch, sie faßte mich beim Arm. ›Wir könnten zusammen einen Spaziergang machen. Ich mag Sie! Aus Matthes habe ich mir nichts gemacht, aber sein Geschmack bei Frauen ist gut!‹

Ich schrie sie an. ›Nein! Nein! Nein!‹

Die Straßen waren leer, aber es wurden Fenster geöffnet.

Sie sagte: ›Dumme Gans‹, ließ mich los und verschwand im Dunkel. Ich lief zu meinem Hotel. Im selben Augenblick, als ich eben die Tür aufmachte, klingelte das Zimmertelefon. Meine Stimme bebte noch. Ich sagte: ›Nein, nein, nein!‹ Es war mein Mann. ›Was ist? Um Gottes willen, Jutta, was ist los? Jutta! Hörst du, ich bin es, Matthes!‹

Er hat solange gefragt, bis ich gesagt habe: ›Ich habe die Frau getroffen, die den Ring vor mir getragen hat.‹

›Welchen Ring?‹ Er war ganz ahnungslos, es lag alles so weit zurück!

›Den Hochzeitsring!‹

Und jetzt war er es, der ›Nein!‹ sagte, einfach nichts als ›Nein!‹

Ich blieb dabei, ich sagte ›doch!‹ Ich wurde böse, unbeherrscht. Seine Stimme klang dumpf, wie erloschen: ›Du weißt ja nicht, was du sagst! Mein Gott, sie kann es nicht gewesen sein!‹

Es war ein schreckliches Telefongespräch! Wir waren so weit voneinander weg. Wir hatten keine Erfahrung im Streiten. Ich wurde laut. Und er immer leiser, schließlich verstummte er ganz. Ich habe den Hörer aufgelegt und die halbe Nacht geweint. Beim Frühstück beschloß ich, am selben Tag noch abzureisen und das Hotel vorher nicht mehr zu verlassen. Ich packte. Ich hatte richtige Angst, diese Monika noch einmal zu treffen. Ich war noch nicht fertig mit Packen, als es unter meinem Balkon pfiff. Ich dachte: es ist eine Drossel, es kann ja nur eine Singdrossel sein, dabei wußte ich sofort, daß Matthes unten stand. Er war früh um vier losgefahren, hatte den Kongreß Kongreß sein lassen. Er schloß mich in die Arme, wir sahen uns in die Augen und: alles war gut.

Nein, stimmt nicht! Wir waren nur beide erleichtert, wieder zusammen zu sein. Das dauerte fünf Minuten, dann spürte ich, daß er mich prüfend ansah. Und in mir stiegen die Zweifel wieder auf.

Matthes nahm meine Koffer, ich dachte, wir würden nun nach Hause fahren, aber Matthes hatte andere Pläne. Wir wechselten lediglich das Hotel und blieben über Pfingsten in Oberstdorf. In den nächsten Stunden waren wir mit Auspacken beschäftigt. Matthes erzählte von seinem Kongreß und ich von meinen Ausflügen. Er fragte mich jeden Berg einzeln ab. Du warst noch nicht auf der Gaisalpe? Nicht auf dem Söller? Man kann doch rauffahren! Du warst nicht auf dem Nebelhorn? Ich zählte die Täler und Seitentäler auf, in denen ich gewesen war, aber er hielt mir immer nur die Berge vor. Wer nach Oberstdorf fährt, fährt in die Berge! Nicht in die Täler!

Er beschloß, Bergtouren mit mir zu machen. Wir kauften eine zünftige Ausrüstung für mich, Kniebundhosen, Stock, Bergschuhe. Abends im ›Hirschen‹ machte ich den Versuch, über Monika zu sprechen, aber er wollte Bier und Enzian trinken und seinen ersten Ferientag genießen. Er brach das Gespräch ab. ›Später‹, sagte er, ›wir reden drüber, aber laß mir noch etwas Zeit.‹

Ich überließ ihm die Führung, das habe ich immer getan. Ich akzeptierte seine Überlegenheit, ich respektiere auch sein Alter. In einer Ehe muß einer bestimmen. Bei uns ist es Matthes. Ich bin vielleicht altmodisch, aber ich halte nichts von Auseinandersetzungen. Das kostet unnötige Kraft. Ich pflege meine Ansicht zu sagen, das tat ich auch an diesem Abend, aber warum hätte ich die Aussprache erzwingen sollen? Mochte er den Zeitpunkt bestimmen. Das hatten wir im Anfang unserer Ehe ausgemacht: im Zweifelsfall geschieht, was Matthes für richtig hält.«

»Jutta, die ideale Ehefrau!« warf Sigrid ein. »Wer hätte das gedacht!«

»Wer bei euch das letzte Wort hat, kann man sich denken«, sagte Karin.

Sigrid nahm das nicht übel. Sie nahm nie etwas übel. »Das wäre ja auch noch schöner!« Sie lachte.

Jutta erzählte weiter. »Der Abend verging, der nächste Tag verging. Matthes tat, als hätten wir von Anfang an vorgehabt, miteinander Pfingstferien zu machen.

Er war als Junge ein paarmal mit seinen Großeltern in Oberstdorf gewesen. Er feierte Wiedersehen.

Auf dem Rubihorn hat er mir die Geschichte seiner Verlobung mit Monika erzählt. Er hatte ihren Vater bei einem Verbindungsfest kennengelernt, er war ebenfalls Heidelberger Frankone und schätzte ihn sehr. Außerdem hatte er eine gutgehende Praxis in einer kleinen Stadt am Neckar, Neckarsteinach oder – ich weiß nicht! Landschaftlich sehr hübsch. ›Der alte Herr‹, den Ausdruck gebrauchen die ehemaligen Kommilitonen ständig, war wohl ein liebenswürdiger, entgegenkommender Mann. Matthes wurde mehrfach eingeladen. Es war in jenen Jahren schwer, an eine eigene Praxis zu kommen. Matthes hatte keinerlei Aussicht, das ohne Beziehungen zu schaffen, Vermögen besaß er nicht.

Der ›alte Herr‹ suchte nach einem Nachfolger. Er machte keinen Hehl daraus, daß er Matthes aus diesem Grunde einlüde. Es gab eine Tochter, und Männer im heiratsfähigen Alter waren rar, Matthes ist Jahrgang 1916. Die Praxis war nicht modern eingerichtet, aber er brannte darauf, sich selbständig zu machen. Er hatte ein Jahr zuvor sein Studium beendet. Zweimal hat er den alten Herren vertreten; dabei lernte er die Tochter kennen. Sie war gerade mit der Ausbildung als Laborantin fertig. Sie war im landläufigen Sinne hübsch, sagte er, Anfang zwanzig. Die Eltern hatten nichts dagegen einzuwenden, daß die beiden zusammen nach Italien reisten. Sie waren zwar verlobt, aber üblich war das keineswegs. Der alte Herr finanzierte ihnen sogar die Reise.

Mein Mann arbeitete damals als Assistent an der zahnmedizinischen Klinik. Für fünfzig Mark im Monat. ›Es paßte alles so großartig‹, sagte er mindestens dreimal. Die Summe der Vorzüge von: eigene Praxis, plus Landstädtchen am Neckar, plus liebenswürdige Schwiegereltern, die die Wohnung überlassen würden, plus Laborantin, hieß Ehe! Seine Eltern waren schon tot, seit Jahren hatte er kein Zuhause. Monika würde in der Sprechstunde mitarbeiten. In Florenz hat er ihr den Ring überreicht. Am ersten Abend. Er wollte damit wohl seine ernste Absicht nochmals besiegeln. Ein Siegelring! Sie hatten wohl beide getrunken.

Von da an muß alles schiefgegangen sein. Auf seine Frage, ob sie schon Erfahrungen habe, wich sie aus. Er schien sie nicht befriedigen zu können. Sie hatten eine Woche für Florenz angesetzt, dann wollten sie nach Piombino fahren, um nach Verwandten seines Vaters zu forschen. Am Tag vor der Abreise war Monika dann verschwunden. Nur ihre Handtasche fehlte. Sie hat ihm einen Tausendlireschein zurückgelassen, alles übrige Geld hat sie mitgenommen. Es war schließlich das Geld ihres Vaters.‹ Das Stubenmädchen fand den Ring in seinem Bett. Damit war alles klar. Sie hatte Schluß gemacht. Er ahnte nicht warum. Er hat es auch nie erfahren. Er schickte ihre Koffer an die Eltern und schrieb einen höflichen Brief, aber er bekam keine Antwort.

Als er schwieg, sagte ich: ›Sie ist lesbisch. Wußtest du das nicht?‹

Er sagte: ›Nein.‹ Er hatte es für körperliche Abneigung gehalten. ›Das soll es ja geben‹, sagte er. ›Wie kommst du darauf‹, fragte er, ich sagte, ›das war ziemlich unmißverständlich.‹ Er ging nicht darauf ein, fragte dann allerdings, ob Monika irgend etwas erzählt habe, das von seiner Darstellung abwiche?

Ich versicherte ihm, daß sie es ganz genau so erzählt hätte, als ob sie es seinerzeit abgesprochen hätten. ›Alles paßte so gut zusammen! Das sagte sie wörtlich, wie du.‹

›Das pflegte ihr Vater zu sagen, wir hatten es übernommen. Im Scherz.‹ Dann schwieg er.

Um mir diese Geschichte zu erzählen, hätten wir eigentlich nicht das Rubihorn besteigen müssen. Ich blieb in meiner Sonnenkuhle liegen und wartete. Sobald ich mich aufrichtete, spürte ich den Wind, der sich über den nahen Schneefeldern abgekühlt hatte. Es waren Windwolken am Himmel. Dünne, zerfetzte Schleier, die rasch über den enzianblauen Himmel dahinwehten. Ich hörte das Tauwasser sickern, es lief unter einem Schneefeld hervor.

Das war nur die erste der Ringgeschichten! Matthes hatte den Ring wieder in Besitz, aber immer noch keine Frau und noch keine Praxis. Er übernahm weiterhin in den Ferien Vertretungen. Er gab das freimütig zu: er wollte einheiraten. Er las die Mitteilungsblätter. Manchmal stand unverblümt bei den Anzeigen: Spätere Übernahme der Praxis nicht ausgeschlossen! Das hieß soviel, daß eine Tochter mitübernommen werden sollte. Die Sache wiederholte sich. Diesmal lag das Städtchen im Odenwald, wieder waren die Eltern angenehme Leute. Der alte Herr leidend, die Praxis fast zum Erliegen gekommen, der einzige Sohn, der sie hatte übernehmen sollen, war gefallen.

Die Tochter Gudrun gefiel ihm von mal zu mal besser. Er wollte die Praxis und er wollte eine Familie haben. Er ließ das Ziel keinen Moment aus den Augen. Den Ring hatte er ihr bereits zur Verlobung geschenkt, der Hochzeitstermin war bereits festgesetzt. Da bekam er einen Einschreibbrief mit der lakonischen Mitteilung, daß sie am Tag zuvor einen anderen Mann geheiratet habe, jener habe die Praxis bereits übernommen. ›Anbei dein Ring zurück‹ schrieb diese Gudrun. Und ›ich liebe ihn‹, eine andere Erklärung hatte sie nicht. Passiert war das so: im Sommer hatte Matthes sich eine infektiöse Gelbsucht zugezogen und konnte den alten Herrn nicht vertreten. Der Vertreter brauchte also einen Vertreter. Sein bester Freund sprang ein. Er hat ihn dann später auf einer Tagung einmal getroffen, da hat der ihm auf die Schulter geschlagen und gesagt: ›Tut mir leid, Matthes, ehrlich, tut mir leid!‹

So endete das. Er trauerte der Praxis nach, aber auch dem Mädchen. Er kam sich wohl vor wie ein ewiger Verlobter. Er war fest entschlossen, die nächste Frau vom Fleck weg zu heiraten. Ohne lange Verlobungszeit. Mittlerweile war er Ende dreißig.

Als er soweit gekommen war, ertappte ich mich dabei, daß ich nachrechnete. Ich war immer noch nicht die Nächste! Dazwischen lagen noch sechs Jahre. Natürlich wußte ich, daß es Frauengeschichten gegeben hatte, aber von den Verlobungen wußte ich nichts. Mußte er sich denn immer gleich verloben? dachte ich. Und im selben Augenblick sagte er, daß er für einen Flirt nie getaugt habe. Nie! Er hätte ohne Frau leben können, jahrelang, aber für unverbindliche Freundschaften wäre er nicht geeignet gewesen. Die Frage nach der beruflichen Existenz und nach der eigenen Familie war in seiner Vorstellung miteinander verquickt. Mittlerweile hatte sich aber die Situation der Mediziner allgemein gebessert, er bekam ein gutes Gehalt, übernahm weiterhin Vertretungen und machte Ersparnisse. Er wurde Teilhaber bei einem älteren Kollegen in einer sehr gut eingerichteten Praxis. Es gab diesmal keine Familie, also auch keine Tochter. Zwei Junggesellen. In den ersten Jahren haben sie zusammen praktiziert, dann hat der andere sich zur Ruhe gesetzt.

Im ersten Winter, nachdem mein Mann sich selbständig gemacht hatte, fuhr er zu einem verlängerten Wochenende in den Harz. Er war lange nicht skigelaufen. Er fand, es sei

Zeit, daß er sich einige Hobbies zulegte. Bei der ersten Abfahrt brach er sich den Oberschenkel. Doppelte Fraktur. Man transportierte ihn in die orthopädische Universitätsklinik nach Göttingen. Er wurde von einer Schwester Heidrun gepflegt. Er sah sie und verliebte sich. Ob untergründig der Gedanke im Spiel war, daß sie in seiner Praxis mitarbeiten könnte, weiß ich nicht. Rationell hat er in diesem Falle wohl nicht gedacht, zumindest so wenig wie es nur in seiner Natur liegt. Sie war bereits Anfang vierzig, aber sie muß auffallend schön gewesen sein. Mit einem leidenschaftlichen Gesicht, das ihn faszinierte: wild und zugleich sanft, sagte er. Sie hatte die Vertretung für eine Laborschwester übernommen; feste Arbeitsverhältnisse hatte sie zu jener Zeit schon nicht mehr. Sie haßte Verträge. ›Man kann mich doch nicht kaufen! Die paar Jahre, die ich zum Leben habe!‹

Sie war das Gegenteil von ihm. Er ist eher schwerfällig, sie war leicht. Sie liebte und lebte heftig und bedenkenlos. Matthes zögerte die Rückkehr hinaus. Er nahm sich in Göttingen ein Zimmer und ließ sich ambulant behandeln. Er war zwar noch behindert, konnte aber seinen Wagen bereits wieder fahren. Sie gingen ins Kino, unternahmen Autofahrten, immer drängte sie: ›Laß uns doch!‹ Sie steckte voll Unrast. Ihre Eltern sollten Deutsche gewesen sein, sie stammte aus Sibiu, dem ehemaligen Hermannstadt. Sie hatte etwas ›Böhmisches‹, wie er sagte. Sie schien völlig unabhängig zu sein, keinerlei Angehörige. Ihre Vertretung ging zuende und sie nahm keine neue an. Sie rauchte sehr viel. Sie trank auch viel. Matthes dagegen ist ein Feind von Nikotin und Alkohol. Wenn sie seinetwegen nichts trank, versucht hat sie es wohl, wurde sie müde und depressiv. ›Sie verdunkelte sich jäh‹, wie er das nannte. Er hat ihr dann selbst Alkohol angeboten und hat ebenfalls getrunken. Er muß in diesem verrückten Winter selbst kaum nüchtern gewesen sein. Er hatte noch Schmerzen, schluckte Medikamente, die die Wirkung des Alkohols potenzierten.

Natürlich hat er auch diesmal von Heirat gesprochen! Sie muß ihn ausgelacht haben. ›Heiraten! Mich! Du bist ein Schatz!‹ Er hat sie trotzdem wie seine künftige Frau behandelt. Er gab ihr also auch den Hochzeitsring der Morellis. Sie lachte darüber, hat ihn aber wohl getragen. ›Primavera‹, soll sie gesagt haben, ›von mir kannst du keinen Frühling mehr erwarten. Bei mir ist August. Sommerhitze, Blitz und Donner und anhaltende Regenfälle.‹ Unvermittelt brach sie in Tränen aus. Grundlose Traurigkeit. Er gab ihr zu trinken. Sie schien darunter zu leiden, daß sie unaufhaltsam älter wurde, daß ihre Schönheit dahinschwinden würde. Sie hatte recht! Was hatte sie dem Altern entgegenzusetzen? Sie war schön und leidenschaftlich, das war ihr einziges Kapital. Sie war weder intelligent noch tüchtig, sie besaß überhaupt keine Ausdauer. Sie war ganz ungefestigt.

Das Verhältnis hat mehrere Wochen gedauert. Glückliche Wochen.

Ich sah plötzlich einen Matthes vor mir, den ich überhaupt nicht kannte! Es machte mich unendlich traurig.

Bis er dann dahinter kam, daß sie auch Drogen nahm, daß es nicht nur Zigaretten und Alkohol waren. Sie war rauschgiftsüchtig, deshalb wechselte sie so oft die Stellung. Sie arbeitete immer im Labor. Sie ließ sich Blankounterschriften auf Rezeptblocks ausstellen. Sie kannte alle Schliche. All das hat er erst sehr viel später erfahren. Im Anfang hat sie sich große Mühe gegeben, ihn nichts merken zu lassen. Aber ihre Willenskraft war durch die Drogen schon sehr geschwächt, groß war sie wohl nie gewesen. Matthes meint, ein anderer Mann hätte sie vielleicht halten können. Er selbst sah keine Möglichkeit. Er hatte zwar Kraft und Geduld, aber es fehlte ihm an Phantasie. Labilität ist ihm unverständlich, aber auch zuwider.

Er fing an, sie – und seine Abhängigkeit von ihr! – zu hassen. Er stellte ihr Verbote auf, die sie nicht halten konnte. Tagelang verbot er ihr, zu ihm zu kommen. Damit strafte er vor allem sich selbst. Das wollte er wohl auch. Ihr nutzte das natürlich gar nichts. Sie stritten sich. Sie wurde ordinär. Er erkannte die Anzeichen der Zerstörung. Für seine Verhältnisse hat er ihr viele und noble Geschenke gemacht. Sie hat alles versetzt, um Geld für Zigaretten und Alkohol und ›Stoff‹ zu bekommen.

Schließlich hat er das Verhältnis von einem Tag zum anderen abgebrochen, ohne ihr seinen Entschluß mitzuteilen oder zu begründen. Das tat er erst später und schriftlich. Ruhig und sachlich, wie es seine Art ist. Aber ruhig und sachlich war ihr Verhältnis ja nie gewesen. ›Wir passen nicht zusammen‹, schrieb er. Sie antwortete umgehend. ›Du hast recht. Wir sind von zweierlei Art.‹ Kein Vorwurf. Sie bedankte sich sogar. ›Es war schön mit dir‹, schrieb sie, und darunter stand noch einmal ›Auguste‹. Es hatte sie – seit jenem Tag, an dem sie gesagt hatte, daß sie kein ›Frühling‹ mehr sei sondern ›August‹ – liebevoll und scherzhaft ›Auguste‹ genannt.

Sie nahm es weniger schwer, als er gedacht hatte. Vermutlich hatte sie Erfahrung in Abschieden. Für ihn war es das erste Mal, daß er eine Frau im Stich gelassen hatte. Er schrieb nicht mehr, er hörte also auch nichts mehr von ihr. Aber er hat sie mehr entbehrt, als er sich zugeben wollte. Jahrelang. Er hat oft mit dem Gedanken gespielt, alles stehen- und liegenzulassen und zu ihr zu fahren. Aber in seiner Natur liegt allenfalls der unkontrollierte Wunsch, um ihn auszuführen, ist er viel zu beherrscht.

Im April des folgenden Jahres bekam er das Schreiben eines Notars. Suizid! Sie hatte Selbstmord begangen! Es war nicht der erste Versuch. Das erfuhr er von dem Notar. Man hatte in ihrem Nachlaß seine Briefe und Geschenke gefunden und ihn daher ordnungsgemäß von ihrem Tod unterrichtet. Einen offiziellen Abschiedsbrief hatte sie nicht hinterlassen. Sie hat keinem die Schuld an ihrem Tod aufgebürdet. Pilzsucher hatten sie im Wald gefunden, da muß sie tagelang gelegen haben. Spuren eines Verbrechens waren nicht vorhanden. Die Obduktion erwies eindeutig, daß sie Schlaftabletten geschluckt hatte. Das Nachlaßgericht hatte ihre Hinterlassenschaft in den Nachlaßkonkurs gegeben.

Nachlaßverwalterin war eine ältere Frau. Sie unterhielt im zweiten Stock eines Mietshauses ein Lager, eine Art Fundbüro. ›Es waren schon ein paar Herren vor Ihnen da‹, hat sie zu ihm gesagt. Sie gab unverhohlen zu, daß für sie nichts dabei herausspränge. Der erzielte Gewinn reiche nicht mal für die Begräbniskosten. Erst der Überschuß aus dem Verkauf ergab ihren Profit.

Man hatte der Toten den Ring abgezogen. Er hätte ihn im juristischen Sinn leicht als Familienbesitz der Morellis nachweisen und ihn wieder in Besitz nehmen können. Die Gravierung war ja noch lesbar. ›Rosetta. Primavera 1860‹. Der materielle Wert des Ringes ist nicht groß, aber im Lauf der Jahrzehnte hat er einen gewissen historischen oder auch Liebhaberwert bekommen. Matthes wollte einfach nicht, daß der Ring verramscht würde. Er erwarb ihn für zweihundert Mark zurück. Die Frau hielt ihm Seidentücher hin, an die er sich erinnern konnte, eine Puderdose. Sie wurde immer freundlicher und zudringlicher. Sie hoffte, er würde noch mehr kaufen, holte Fotografien, falls er ein Andenken wolle an ›die liebe Tote‹. Sie genoß seine Verlegenheit. Für Matthes war die Situation schrecklich.

Als Matthes dann schwieg, merkte ich erst, daß ich weinte. Ich mußte schon eine ganze Zeit geweint haben, mein Gesicht war ganz naß. Um wen? Um diese Schwester Heidrun, die so elend gestorben war, weil sie Angst vorm Altwerden und Alleinsein hatte? Um Matthes? Der das noch immer nicht überwunden hatte, der sich insgeheim schuldig an ihrem Tod fühlte und doch nicht wußte, wie er ihn hätte verhindern sollen? Matthes sagte dann noch: ›Wenn du den Ring nicht mehr tragen willst, Jutta, ich verstehe das völlig! Man kann das nicht ungeschehen machen, indem man nicht darüber spricht. Du begreifst jetzt aber mein Entsetzen, als du am Telefon sagtest, du hättest die Frau getroffen, die den Ring vor dir getragen habe. Ich bin das Bild nie wieder losgeworden: Heidrun verwest im Dickicht.‹

Ihr Grab hat er nie besucht. Aber: er ist in dieses Waldstück gegangen. In den Akten befand sich eine Fotografie des Fundortes. Als er dort stand, fiel ihm ein, daß sie einmal gesagt hat: ›In Südamerika gibt es einen Eingeborenenstamm, da gehen die Frauen, wenn sie alt und häßlich werden, von sich aus in den Urwald, um zu sterben. Die wilden Tiere zerreißen sie. Schade, daß es hier keine wilden Tiere gibt.‹

Dann hat Matthes nochmals gesagt: ›Wenn du den Ring nicht mehr tragen willst, ich billige deinen Entschluß.‹ Er schob ihn in die Westentasche. Die Wolkenfetzen hatten sich mittlerweile zu einer dichten Wolkendecke zusammengezogen. Es war empfindlich kalt geworden. Auch das merkte ich erst, als mich Kälteschauer überliefen. Ich weinte auch um mich. Es schien mir auf einmal alles so zufällig. Daß Matthes mich geheiratet hatte, daß ich den Ring getragen hatte, daß ich die Mutter unseres Kindes war. Es hätte doch jede andere ebenso gut sein können. Es hatte doch immer alles so gut gepaßt. Wie oft sagt er zu mir: ›Alles stimmt zwischen uns. Wir passen zusammen.‹ Erst recht, seit ich in der Praxis mitarbeite.

Der Abstieg war beschwerlich. Es fing an zu regnen. Das Gestein war glitschig. Ich hatte nicht viel Übung, war müde und erschöpft. Aufregungen strengten mich immer physisch an. Matthes half mir. Als wir schließlich im Tal anlangten, läuteten die Glocken gerade das Pfingstfest ein.«

Keine sagte etwas. Birgit seufzte hörbar auf. Bis schließlich Marianne sagte: »Aber jetzt trägst du den Ring ja wieder, Jutta! Das verstehe ich eigentlich nicht!«

Die andern mischten sich ein. Karin sagte: »Also das finde ich allerhand. Er probiert den Ring bei zig Frauen aus!«

Sie redeten durcheinander. Jutta schob den Ring wieder an den Finger, dann sagte sie: »Ich habe meinen Mann schon am Abend des zweiten Pfingsttages darum gebeten, mir meinen Ring wiederzugeben. Es ist übrigens das wichtigste Ereignis in unserer Ehe gewesen! Zwei Tage habe ich dazu gebraucht, aber dann hatte ich es begriffen. Ich muß den Ring tragen! Jetzt erst recht, um seinetwillen. Er muß wissen, daß wir zusammengehören. Die anderen Frauen haben eben nicht ›gestimmt‹! Sie haben nicht zu ihm gepaßt. Ein Mensch kann sich doch irren. Je ernster er veranlagt ist, desto schwerwiegender sind auch seine Irrtümer. Er hat die Frauen, in die er verliebt war, ernst genommen, er hat sich jedesmal gewünscht, daß alles ›stimmen‹ möge. Bei uns ist es nicht beim Wunsch geblieben, bei uns ist es Wirklichkeit geworden!«

»Sie hat recht!« Karla mischte sich ein. »Ich halte einen Mann, der sich dreimal verheiratet oder verlobt, das spielt hier ja keine Rolle, für moralischer als einen, der mit seiner Frau in allen Ehren silberne Hochzeit feiert und derweil zwölf Freundinnen nebenher gehabt hat!«

»Ist das eine Anspielung?« fragte Sigrid gereizt. »Moralischer! Ich weiß wirklich nicht, Moral und Ehe, warum müßt ihr das immer in einem Atemzug nennen?«

»Ihr habt nichts verstanden«, sagte Jutta.

Birgit sah auf die Uhr, aber konnte die Zeiger nicht erkennen.

Marianne stand auf. »Jetzt mache ich aber doch Licht! Genügt die Stehlampe? Wollt ihr nicht doch noch was trinken?«

»Wir müssen doch noch fahren! Jutta, du hast ja geweint! Ich muß sagen, die Geschichte war irgendwie unheimlich.«

»Wollen wir nicht lieber damit Schluß machen?« fragte Marianne. »Ich meine – bitte! – ich will euch nicht auffordern zu gehen, ihr seid meine Gäste. Aber aus unserem Donnerstagnachmittag ist längst ein Abend geworden.«

»Nein! Rundum ›nein‹, wenn du mich fragst. Ich verlasse dieses Zimmer nicht eher, als bis jede ihren Beitrag geleistet hat. Das war abgemacht und dabei bleibt es. Wollt ihr vielleicht, daß Karla ungeschoren davonkommt?«

Karla lachte amüsiert auf. »Ich? Ich gehöre doch gar nicht dazu!«

»Und wenn ich diese Tür abschließe, Karla! Keine verläßt den Raum! Du hast damit angefangen. Meinst du, es wäre ein Spaß für uns gewesen? Du kommst her und provozierst uns: Wiedergutmachungsgeschenke! Platin- und Goldplomben für schadhaft gewordene Ehen! Was hast du noch gesagt?« fragte Sigrid.

»Trophäen! Jagdbeute der Frauen, wenn ich mich recht erinnere. Eure Geschichten haben mir bisher bewiesen, daß meine Vermutungen stimmen, außer bei Jutta. Im übrigen seid ihr es doch jetzt, die weitermachen wollen.«

»Aber du hast diesen Bazillus eingeschleppt!«

»Und ihr laßt euch infizieren! Immun seid ihr auf alle Fälle nicht.«

»Bitte! Seid doch nicht zu gereizt! Ich vertrage diesen Ton einfach nicht!« bat Jutta. »Komm Marianne, erzähl, damit es weitergeht, damit wir nach Hause kommen. Irgendwie ist es jetzt hier wie in der ›Geschlossenen Gesellschaft‹ bei Sartre oder Camus.«

»Sartre!« sagte Karla. »Also Marianne Panitschka! Ich weiß überhaupt nicht wie du jetzt heißt.«

»Gehl. Ganz einfach.«

»Und dein Mann? Wann kommt der nach Hause? Bringen wir nicht das ganze Familienleben durcheinander?«

»Er hat auswärts zu tun, er kommt erst morgen abend.«

»Oh! Eine Wochenendehe. Welche Möglichkeiten für beide Partner!«

»Aber doch nicht bei Marianne!«

»Ihr haltet mich alle für bieder – ja?«

»Für eine Ehebrecherin halten wir dich bestimmt nicht! – Entschuldige, Birgit! Ich meine das nicht persönlich!

Dich meine ich natürlich nicht!«

»Also ging es auf mich!« sagte Karin.

»Himmel – nein! Wir können ja überhaupt nicht mehr miteinander unbefangen reden!« sagte Sigrid.

»Legt Sigrids Worte doch nicht auf die Goldwaage! Marianne wird uns sicher eine sehr hübsche Geschichte erzählen. Sie war immer die beste in Deutsch.«

Marianne zog ein dünnes Goldkettchen aus dem Ausschnitt ihres hochgeschlossenen Kleides.

»Trägst du die Kette immer unterm Kleid?« erkundigte sich Birgit. – »Ja. Immer.«

»Ich wittere Unheil!« sagte Sigrid. »Und das bei unserer braven Marianne!«

»Ich war schon als Kind eine Leseratte. Meine Brüder besaßen sämtliche Karl-May-Bände. Ich nahm sie einen nach dem anderen mit in die Schule und las auf dem Schulhof und abends mit der Taschenlampe unter der Bettdecke, ich schleppte sie mit in den Bunker und las während der Luftangriffe –«

»Im Anfang schuf Gott Himmel und Erde –, Marianne! Wo fängst du denn deine Geschichte an?« fragte Karin, »wir sitzen um Mitternacht noch hier!«

Marianne verteidigte sich. »So hat es aber angefangen! Ich lebte mit Winnetou! Ich kannte mich im ›Wilden Westen‹ besser aus als in unserem Stadtteil. Mein ältester Bruder hatte einen Freund, der unterhielt sich manchmal ganz ernsthaft mit mir, meine Brüder taten das nie. Er hatte Verwandte in Chicago, die schickten Carepakete. Er schenkte mir leere Erdnußdosen und Ansichtskarten aus Amerika und Kaugummi. Er sagte immer ›kleine Squaw‹ zu mir, dabei war ich damals schon zwölf oder dreizehn. Das tat er dann auch noch als ich siebzehn war. Damals trafen wir uns heimlich in einer Eisdiele. Er studierte Naturwissenschaften. Er experimentierte auch zu Hause, einmal ist ihm ein Apparat explodiert, dabei wurde eine Zimmerwand herausgerissen, und er selbst wurde verletzt; seitdem hat er eine lange Narbe quer über die Backe. Er bekam dann ein Stipendium von der Fullbrightstiftung. Ich war nicht einmal traurig, daß er wegging, ich fand es so wunderbar, daß er nach Amerika fahren konnte.

Es genügte mir, wenn er einmal im Monat postlagernd schrieb. Meine Mutter wollte von der Freundschaft nichts wissen, sie hatte wohl Sorge, daß meine Brüder auch rüber wollten. Hier sah alles noch ziemlich aussichtlos aus, es war Anfang der fünfziger Jahre. Er studierte in Bozeman, das ist eine kleine Universität im Staat Montana, am Rand der Rocky Mountains; im Mittleren Westen. Er schickte Karten aus dem Yellowstonepark und schrieb vom Forellenangeln in den Wildwassern der Rockies. Und ich las inzwischen Hemingway und Steinbeck und Faulkner und Wolfe. Ich machte Englischkurse bei der Volkshochschule mit. Damals arbeitete ich in einer Bank. An ein Studium war nicht zu denken. Die Brüder gingen vor. ›Wenn dein Vater noch lebte, wäre alles anders‹, sagte meine Mutter immer.

Nach zwei Jahren kam Walter wieder. Ich dachte, er würde jetzt in Deutschland Examen machen, aber er wollte zurück in die Staaten, in Europa konnte ein Naturwissenschaftler nichts werden, davon war er fest überzeugt. Er hatte mir etwas mitgebracht. Keine Nylonstrümpfe! Er war überhaupt nicht praktisch, er lief herum, wie es ihm paßte, Mutter fand ihn unmöglich, typisch amerikanisch. Mein Vater war bei der Invasion in der Normandie gefallen, sie sah in den Amerikanern immer noch den Feind.

Walters Geschenk war ein Stückchen Gold, das er eigenhändig gewaschen hatte! Es gibt noch immer Gold in den Rocky Mountains, aber das Waschen lohnt nicht, man kann auf andere Weise rascher an Dollars kommen. Für mich war es das richtige Geschenk, er kannte seine kleine Squaw gut! Damals war es noch kantiger und stumpfer. Ich habe es geglättet und poliert, ich trug es ständig bei mir, in der Manteltasche, in der Jackentasche und rieb es zwischen den Fingern.«

Marianne rieb auch jetzt das Klümpchen Gold zwischen den Fingern. Die dünne Goldkette, an der es hing, war durch eine schmucklose Öse gezogen.

Jutta sah sich den Anhänger genau an. »Damit arbeiten wir in der Praxis. Das ist ungehärtetes Gold.« Sie hielt ihn sich dicht unter die Augen. »Darf ich mal das Deckenlicht einschalten? Da sind doch ganz deutliche Abdrücke –«

Jetzt, als das Licht brannte, sahen es alle. Marianne errötete. »Das sind Walters Zahnabdrücke. Als er es mir schenkte, hat er draufgebissen, um mir zu zeigen, daß das Gold echt sei.«

»Wie romantisch! Der Zahnabdruck der Jugendliebe, typisch für unsere Marianne!« sagte Sigrid, »mach das Licht wieder aus, Jutta, im Halbdunkeln hört's sich besser zu.«

»Das Klümpchen Gold wurde mein Talisman. Walt – er wurde damals schon von allen Walt genannt – wollte, daß ich mit ihm käme. Die Wohnheime für verheiratete Studenten wären so übel nicht, auf dem Campus lebte es sich nicht schlecht, Kindergärten gäbe es auch. Er hatte sogar schon Kinder eingeplant! ›Du mußt einen Job im Haushalt annehmen‹, sagte er, viel Zeit hätte er nicht, man müßte dort viel mehr pauken als hier in Deutschland. Er schilderte mir eingehend das Leben auf dem Campus.

Wir saßen in derselben Eiskonditorei wie früher, bevor er nach Amerika ging. Ich hörte ihm zu, aber ich verstand ihn gar nicht. Ich konnte mir nicht vorstellen, daß ich in einem Haushalt arbeiten sollte. Das paßte nicht in mein Bild. Ich hatte mir – jahrelang! – vorgestellt, wie wir zusammen im Yellowstoneriver Forellen angelten, in hohen Gummistiefeln, bis über die Knie im brausenden Wasser; wie er mir zweipfündige Forellen zuwarf, die ich auf einer Feuerstelle briet, die Walt gebaut hatte; wie wir ein Biwak errichteten; zu einer Indianerreservation ritten. Ich hatte heimlich Reitstunden genommen. Ich hatte mich gut auf ein Leben im mittleren Westen vorbereitet, – wie ich meinte.

Mein Schulenglisch hörte man kaum noch durch. Jeden Abend hörte ich AFN, ich las inzwischen die Amerikaner im Original. Ich saß ganz gut im Sattel. Nur daran hatte ich nie gedacht: daß ich im Haushalt arbeiten sollte, in einer amerikanischen Familie, diese schrecklichen, ungezogenen Kinder! Walt begriff überhaupt nicht, was ich dagegen hatte. ›Was glaubst du denn, was ich tue?‹ fragte er. Er servierte in der Mensa, er nahm jeden Job an, der sich bot. In den letzten Semesterferien hatte er in einem Stahlwerk gearbeitet, zum Höchstlohn, an zwei Abenden arbeitete er in einem Selbstbedienungsladen und füllte die Lagerbestände nach.

Walt fuhr allein zurück! Ich brachte ihn zum Flughafen. Sonderflug für Studenten, die die Semesterferien in Europa verbracht hatten. Die Chartermaschine startete in Paris.

Ich blieb unentschuldigt von meinem Arbeitsplatz weg und legte meiner Mutter einen Zettel hin, daß ich in drei Tagen zurück wäre.

Wir hatten zwei Tage für uns. Eine Ewigkeit. Nie wieder waren zwei Tage so lang. Jetzt schrumpfen die Tage, auf die ich mich freue, schon zusammen, wenn sie kaum begonnen haben. Ich möchte nie mehr nach Paris! Dabei habe ich nichts gesehen, nicht den Louvre, nicht den Invalidendom, nicht die Tuillerien, nicht das Pantheon, nicht einmal Montmartre. Wir hatten einen Stadtplan und einen Prospekt. Abends saßen wir in unserem großen Bett – ein Absteigequartier, rundum Spiegel! – und strichen durch, was wir alles nicht gesehen hatten. Statt dessen fuhren wir mit einem Mouchette auf der Seine! Paris war in ein silberblaues Licht getaucht. September, das ist mein liebster Monat! Wir bummelten über die großen Boulevards, saßen auf Parkbänken, manchmal tranken wir einen Kaffee. Wir hatten nicht viel Geld. Einmal gingen wir in ein Kino, da küßten sich alle, und wir taten das auch. Mitten im Film gingen wir wieder raus, schlenderten durch Warenhäuser, saßen wieder auf den Ufermauern der Seine, sahen den Anglern zu. Walt zeigte ihnen wie groß die Forellen im Yellowstoneriver wären, ›kleine Fische, ganz kleine Fische!‹ – Er spielte: ›ein Amerikaner in Paris‹; der Film lief damals gerade in den Kinos.

Wir ließen uns keine Minute los, nicht bei Tag und nicht bei Nacht in unserem Spiegelkabinett. Walt zog die Vorhänge auf und ließ das Mondlicht herein. Wir sahen uns nackt in den Spiegeln. ›Unsere Liebe vervielfältigt sich‹, sagte Walt.

Dann brachte ich ihn zum Flughafen. Wir wußten nicht, wann er wiederkommen würde, aber was fragte ich denn nach Zeit! Er würde wiederkommen, er würde mich holen, sobald er fertig wäre. Er flog davon. Ich stand unten, ich winkte, dabei wußte ich, daß er mich nicht sehen konnte, aber alle winkten, da tat ich es auch. Ich war nicht traurig! Ich war angefüllt mit Glück und Zärtlichkeit und Freude, mir ging es wie dir, Birgit, ich dachte: das reicht für ein ganzes Leben. Ich hatte mein Klümpchen Gold. Ohne das hätte ich vielleicht geglaubt, ich hätte Paris nur geträumt.

Dann kam ich zurück. Ich fiel aus allen Wolken! Bei der Bank wurde ich fristlos entlassen. Man konnte mich da leicht entbehren, ich war keine gute Bankangestellte, ich hatte nie viel Sinn für Realitäten. Was ein Diskontsatz ist, habe ich wohl nie wirklich begriffen.

Unser Haushalt wurde weitgehend von meinem Gehalt bestritten, alles wurde für das Studium meiner Brüder abgespart. Meine Kündigung war eine Katastrophe! Meine Mutter hätte vielleicht den Ausflug nach Paris noch hingenommen, meine Entlassung nahm sie nicht hin. Ich hatte die Hölle zu Hause! Ich mußte die erste beste Stelle annehmen, die man mir beim Arbeitsamt anbot. Das war damals noch nicht wie heute! Ich ging zu einem Versicherungskonzern. Meine Kolleginnen ließen keine Gelegenheit aus, mir zu beweisen, daß ich alles schlechter konnte als sie, trotz Abitur. Keine von euch hat das erlebt: ein Büro! Das ist eine Hierarchie! Wer Bürochef ist und wer Abteilungsleiter und wer eine abgeschlossene kaufmännische Lehre hat und wer nur Handelsschule.

Walts Briefe kamen nur noch spärlich. Sein Examen rückte näher, er mußte ja auch immer noch mit seinen ›Jobs‹ Geld verdienen. Dann nur noch Karten, auf der letzten standen noch ein paar andere Unterschriften, darunter auch eine Miriam.

Zwei Jahre hielt ich das aus. Dann lernte ich auf einem Betriebsausflug jemanden kennen. Er arbeitete im Außendienst, er galt als einer der besten Vertreter des Konzerns, keiner machte so gute Abschlüsse wie er. Ich fing ein Verhältnis mit ihm an. Er hatte einen Wagen, er wohnte in einem Apartmenthaus, wir mußten nicht in Hotels gehen. Was er sonst noch in meinen Augen für Vorzüge hatte, weiß ich heute gar nicht mehr. Vermutlich hat er gedacht, ich hätte mehr Erfahrungen; ich war ja keine achtzehn mehr. Ich war in einem Alter, wo man einfach nicht mehr ohne ›so was‹ leben kann. Die Kolleginnen redeten von nichts anderem, besonders montags. Körperlich stimmte alles, das war eher besser als mit Walt, alle sagten, daß es vor allem darauf ankäme. Er hat mir später vorgeworfen, ich hätte es darauf angelegt, ich hätte ihn zur Heirat zwingen wollen. Das stimmt nicht! Es war einfach passiert. Pech gehabt. Pillen gab es ja noch nicht. Wir haben dann geheiratet. Wir paßten gut zueinander, rein äußerlich bestimmt. Wir stammten aus dem gleichen Milieu, er war Versicherungskaufmann, mein Vater war mittlerer Beamter gewesen. Meine Mutter verstand sich mit den Schwiegereltern auch ganz gut. Wir waren ja auch verliebt, oder was das nun war.

Mein ›american dream‹ war ausgeträumt. Ich sah eine Möglichkeit, aus diesem Büro herauszukommen, das ich haßte. Es gab viele Gründe, ihn zu heiraten, moralische, praktische und auch gefühlsmäßige.

Wir zogen in eine Zweizimmerwohnung, eine Aussteuer besaß ich nicht. Meine Mutter hatte mich nie in die Küche gelassen. ›Ich mache das schon, lies du, ruh' du dich aus, das ist meine Sache‹, sagte sie immer. Ich konnte keinen Haushalt führen. Ich kochte schlecht, ich kam nicht mit dem Geld aus –«

»Du?!« entfuhr es Karin. »Du bist doch das Musterexemplar einer Hausfrau!«

»Geworden! Ich war es nicht. Ich hielt das nicht für wichtig. Ich fühlte mich endlich frei: keine Schule, kein Büro, ich blieb morgens lange im Bett, las viel, spielte Klavier und rechtfertigte das mit den ›andren Umständen‹. Eines Morgens suchte mein Mann ein paar frische Socken, fand sie nicht, kippte die Schublade auf den Boden, mir vor die Füße, zog die nächste heraus, kippte sie dazu, und nacheinander sämtliche Schubladen aus Schränken und Kommoden. Das war meine erste Lektion. Ich heulte und räumte die Schubladen ordentlich auf. Später hat er meine Klaviernoten zerrissen, wenn das Essen nicht pünktlich fertig war; er hat den Roman, den ich gerade las, in den Ofen gefeuert. Wir haben uns buchstäblich zusammengerauft. Wir rieben uns aneinander. Reibung erzeugt ja Wärme, nicht nur in der Physik! Ich nahm einen Kochkurs und kaufte ein Ausgabenheft. Später erzogen mich die Kinder zur Pünktlichkeit. Sie mußten pünktlich ihr Fläschchen haben, pünktlich ins Bett, in den Kindergarten, in die Schule. Ich wurde, was ihr eine perfekte Hausfrau nennt. Simon ist ein passiertes Kind. Damals habe ich noch gedacht, wenn es eben gar nicht geht, lasse ich mich scheiden. Dann haben wir zusammen mit den Schwiegereltern dieses Haus gebaut. In den ersten Jahren wohnten wir in der Mansarde, das war sehr beengt mit den kleinen Kindern. Nach dem Tod des Schwiegervaters haben wir dann getauscht. Das gemeinsame Projekt hat uns wieder näher gebracht, ich meine: als Mann und Frau. In den ersten Jahren konnten wir Konflikte noch im Bett lösen. Für eine Weile ging es dann jedesmal wieder. Ich fiel immer drauf rein. Ich dachte, wenn wir noch ein Kind hätten, eines, das wir wirklich wollten. Ich dachte, wenn wir erst das Haus hätten, die größere Wohnung, den Garten, wenn erst die Kinder in die Schule gingen . . .

Ich habe von einer Erwartung zur anderen gelebt. Wenn erst . . . wenn erst!

Wir mußten meine Mutter zu uns nehmen, sie war unheilbar krank, ich dachte: wenn sie mal nicht mehr lebt –. Auch wenn ich es fest gewollt hätte, ich konnte nicht mehr raus, ich hatte mehr als nur eine Ankerkette an den Füßen. Ich rüttelte manchmal dran, das war alles. Ich tat immer nur mir selber weh! Meine Mutter starb dann. Das war eine Erlösung für alle. Eine Weile schien wieder mal, als wäre nun alles besser. Ich war eine Last los – versteht mich nicht falsch, ich meine das nicht lieblos. Die Erleichterung hielt nicht an. Die andren Lasten wurden nur wieder schwerer.

Simon ging das zweite Jahr zur Schule. Kai ging in den Kindergarten. Ich hatte, rein objektiv, jetzt ein leichteres Leben, ich war weniger gebunden. Ich las wieder amerikanische Romane, ich entdeckte Capote, die Carson McCullers, ich überlegte sogar, ob ich mich an Übersetzungen wagen sollte. Ich war im Deutschen immer gut. Ich ließ mir Jazzplatten schenken, ich liebe Blues und Spirituals, nicht nur Klassiker. Von irgendeinem Augenblick an war der ›american dream‹ wieder da. In meinen Träumen tauchte Walt auf, von dem ich seit Jahren nichts gehört hatte. Ich fing an, mich nach ihm zu sehnen, das steigerte sich zu körperlichen Schmerzen. Ich schrieb ihm Briefe, die ich natürlich nie abschickte. Ich holte die Karl-May-Bände vom Speicher und wollte Simon daraus vorlesen, aber er war noch viel zu klein, er fand das ›doof‹. Ich erzählte ihm vom Leben im ›Wilden Westen‹, er sagte: ›oooch, immer das doofe Amerika‹. Er wollte Geschichten von Pippi Langstrumpf hören.

»Das ist ja eine ganz neue Marianne, die da zum Vorschein kommt!« sagte Sigrid, »aber sie gefällt mir!«

Als eines Morgens – ich war allein im Haus – das Telefon klingelte und jemand sagte: ›Walt, hier spricht Walt‹, bin ich überhaupt nicht erschrocken. Ich war darauf vorbereitet. Das mußte kommen. ›Wie hast du mich gefunden‹, fragte ich ihn, als wir in unserer Eiskonditorei saßen, die umgebaut war, nicht zum Wiedererkennen. ›Glaubst du denn nicht mehr an Wunder, kleine Squaw?‹ Es war, als wären wir gestern erst in Paris gewesen! Als wären nicht beinah zehn Jahre vergangen! Du bist hübsch, sagte er, und ich war's, ich spürte das, unter seinen Blicken wurde ich jedesmal hübsch, ich belebte mich, es prickelte in mir. Dabei aßen wir Eis! Walt trinkt keinen Alkohol. Er hatte jetzt eine Professur, an der California State University. Er zeigte mir Fotos. Die Universität war ganz neu, ganz modern. Er erzählte von seiner Arbeit. Mit der gleichen Begeisterung wie vor zehn Jahren von seinem Studium.

Ich fragte, hast du sonst keine Bilder, Walt? ›Doch‹, sagte er und zeigte mir das Foto eines Jungen, der fast so alt war wie mein Ältester. ›Hat das Kind keine Mutter?‹ fragte ich. – ›Doch, das Kind hat eine Mutter.‹ Aber Walt hatte sich vor einem Jahr von ihr getrennt, ›Simon ist bei ihr‹, sagte er. Ich war ganz verwirrt, wieso denn Simon – er sagte Saimen –. Sein Sohn hieß Simon, wie meiner auch! Wir lachten, wir fanden das so erheiternd. Seine Frau arbeitete am selben Institut. ›We are good friends‹, sagte er. Er mischte manchmal englische Brocken in die Unterhaltung. Er hatte inzwischen die amerikanische Staatsangehörigkeit erworben. Ich fragte ihn, woran es gelegen habe. Er antwortete nicht gleich, dann erklärte er es mir so: Sie hatten die gleichen Interessen, sie blickten in die gleiche Richtung, er sagte lachend, ›quasi in den Mond!‹ Ihr Gebiet hatte irgendwas mit der Raumfahrt zu tun.

Die gleichen Interessen, das war wohl doch nicht genug, wenigstens kein Grund, miteinander verheiratet zu sein und jeden Abend in dasselbe Bett zu gehen. Sie war eine sehr typische Amerikanerin, mit allen Vorzügen und allen Nachteilen, sie hielt Liebe für Sex und gut für die Gesundheit, so ähnlich drückte er sich aus. Simon ging tagsüber in die Schule. Wenn Walt Zeit hatte, holte er ihn manchmal ab und fuhr mit ihm an den Strand zum Schwimmen oder auch zum Angeln, anschließend lieferte er ihn bei Miriam ab, trank einen Saft und fuhr in sein Apartment.

Dann war ich mit Erzählen dran. Ich –! Was war denn von mir zu erzählen? Ich holte die Fotos aus der Tasche. Wenigstens die Kinder waren mir ganz gut geraten. Er betrachtete sie, lobte sie und wartete, daß ich weitererzählte. Als ich das nicht tat, fragte er: ›Haben diese Kinder etwa auch einen Vater?‹

Glaubt mir« – Mariannes Stimme war erregt, ein paarmal überschlug sie sich, »glaubt mir! Ich habe nie einen Menschen in meine Ehe reinsehen lassen, nie! Nicht meine Mutter, nicht meine Brüder, die Schwiegereltern schon gar nicht. Auch euch nicht! Ihr wußtet vielleicht, daß es keine großartige Ehe war, aber was in Wirklichkeit los war – das ahnte keiner. Walt habe ich es erzählt. Auf einmal brachen Schleusen auf, von denen ich glaubte, sie seien festgeschraubt und verrostet.

Er hat mich nicht unterbrochen, er hat nur zugehört. Das erste was er sagte, war: ›Du mußt da raus. Dafür bist du zu schade.‹

Er sagte: ›Komm mit!‹ Während ich sprach, mußte er sich schon alles überlegt haben. Er war immer rasch in seinen Entschlüssen. ›Gibt es jemanden, der für die Kinder sorgen kann?‹ Das war sein einziger Einwand. Da war meine Schwiegermutter, bei der waren die Jungs gern, sie war gesund, seit dem Tod des Schwiegervaters hatte sie sowieso keine rechte Aufgabe.

›Wie lange brauchst du?‹ Am 12. September mußte er wieder in seinem Institut sein, dann fing das Semester an. Er hatte für den 8. September gebucht. Er hatte vor, von

New York aus eine Maschine nach San Diego zu nehmen. Statt dessen schlug er jetzt vor, daß er in New York einen Wagen kaufen könnte – second hand – und quer durch den Kontinent fahren, das habe er schon immer einmal vorgehabt. ›From coast to coast‹. Er fragte: ›Kannst du fahren?‹ Ich nickte. ›Das ist gut‹, sagte er, ›du wirst sowieso einen Wagen brauchen.‹ Ich sollte mir drüben eine Tätigkeit suchen, er wollte mir dabei helfen. Er meinte, ich könnte Deutschkurse an einem College geben, er fragte: ›Dein Englisch ist doch in Ordnung?‹ Ich nickte. Er selbst steckte den ganzen Tag im Institut, eine eigene Tätigkeit sei unerläßlich, zumal er sehr viel an Miriam zahlen mußte; ein Professor verdient in den Staaten nicht soviel, wie ich wohl dächte. Wir würden eine Wohnung suchen müssen, vielleicht ließ sich etwas in der Nähe der Küste finden, die Badebucht sei sehr hübsch. Er fragte: ›Du schwimmst doch gern?‹ Ich nickte. Manchmal würde ein Bungalow frei, man könnte ihn möbliert übernehmen, die Gärten wären herrlich. Gardenien, Zitronenbäume und Rosen das ganze Jahr. ›Du liebst doch Gärten?‹ fragte er. Ich nickte.

Ich hielt mich an meinem Stuhl fest. Ich saß wie betäubt. Die Bilder in meinem Inneren überschnitten sich, wie in einem modernen Film: Pazifik, Gardenien, Deutschkurse am College.

Wir wollten die ›Sixtysix‹ fahren, eine der berühmten Ost-West-Straßen, wir würden durch Neu Mexico kommen, Arizona. Die Jahreszeit wäre günstig, die größte Hitze vorbei, aber auf Hitze müßte ich mich gefaßt machen. ›Du verträgst doch Hitze?‹ Ich nickte. In Südkalifornien sei das Klima ideal, nie zu heiß, immer ein wenig Seewind. Natürlich gebe es keinen Winter. ›Oder liebst du Winter?‹ Ich nickte mechanisch. Er rief mich an, er faßte mich beim Arm, schüttelte mich, rief meinen Namen. ›Marianne! Marianne! Ich überfahre dich! Aber ich liebe Tempo! Ihr seid hier alle so langsam, das ist mir früher nicht aufgefallen‹. Ich sah zum ersten Mal auf die Uhr. Ich mußte nach Hause! Er sah mich prüfend an und fragte, ob ich es mir zutraute. ›Du mußt springen, Marianne! Du darfst dich niemals umdrehen, hörst du!‹ Ich nickte, dann sagte ich: ›Wer sich umdreht oder lacht, kennst du das noch, Walter!‹ ich nannte ihn immer noch Walter. ›Der Plumpsack geht um‹.

Er fragte: ›Weißt du, daß morgen der 8. September ist?‹ Ich nickte. ›Weißt du, daß ich dich kein drittes Mal fragen werde, ob du mitkommen willst?‹ Ich nickte.

›Okay‹, sagte er, ›dann sind wir uns einig.‹ Eine einzige Bedingung stellte er. Ich sollte am selben Abend schon ins Hotel kommen. Wenn ich am nächsten Tag weggehen könnte, könnte ich es auch an diesem. Er bestand auf einer Probe. ›Einen solchen Entschluß kann man nicht nur am Tisch fassen!‹ sagte er.

›Heute abend? Das ist unmöglich!‹

Walt war befremdet, er rückte spürbar von mir ab, jetzt kamen ihm Bedenken. Aber ich bin nun mal nicht rasch, ich reagiere langsam. Ich wußte einfach nicht, wie ich das arrangieren könnte. Dabei waren die Kinder noch bei Verwandten auf dem Land, sie sollten erst in drei Tagen wiederkommen. Das hieß aber auch, daß ich ihnen nicht einmal Lebewohl sagen könnte! Das war vielleicht auch besser. Aber: mein Mann war ein paar Tage geschäftlich unterwegs gewesen, an jenem Abend würde er zurückkommen! Dann war da die Schwiegermutter! Und ich hatte Pflaumen zum Einkochen gekauft. Diese Pflaumen fielen mir als erstes ein!

Er wohnte im Hotel, seine Eltern lebten nicht mehr. Wir verabredeten uns um neun Uhr im Foyer.

Auf dem Heimweg beschloß ich, mit meinem Mann einen Streit anzufangen, ein Grund fand sich immer, obwohl wir damals eigentlich schon nicht mehr stritten, wir hatten wirkungsvollere Methoden. Ich gedachte, gekränkt aus dem Haus zu gehen und die Tür hinter mir zuzuschlagen. Etwas anderes fiel mir nicht ein.

Als ich die Wohnungstür aufschloß, war er noch nicht da. Ich hatte also noch ein paar Stunden Zeit. Ich ging zur Schwiegermutter nach oben und unterhielt mich mit ihr, fragte sie, ob sie sich der Kinder annehmen würde, wenn ich mal stürbe, das kann doch sein, man kann doch auch verunglücken, so was liest man doch jeden Tag: ›Die Verunglückte hinterläßt zwei schulpflichtige Kinder.‹ Es würde mich beruhigen, wenn ich wüßte, daß sie für die Kinder sorgte. Zunächst war sie erst einmal beunruhigt. ›Du bist mit den Nerven runter‹, sagte sie, ›du solltest mal Baldriantropfen einnehmen‹. Sie ging zu ihrer Hausapotheke, kramte in ihren Pillen und Tropfen und war bei ihrem Lieblingsthema: der naturgemäßen Lebensweise. Sie gab mir Ratschläge. Statt zu lesen, sollte ich lieber regelmäßig zum Schwimmen gehen. Ich könnte doch auch wieder ein paar Reitstunden nehmen. Sie war immer sehr freundlich zu mir. Ich sagte, daß ich daran auch schon gedacht hätte. Reiten! Ich sah mich über die Prärie reiten, und sie meinte die Reithalle. Schwimmen! Ich lief in die Brandung des Pazifik, sie dachte an das neue Hallenbad. ›Mach dir keine Sorge‹, sagte sie, ›die Kinder nehm ich dir gern einmal ab, wenn du krank wirst, auch wenn du mal Ferien machen willst.‹

Dann ging ich nach unten und zog die Pflaumen ab, füllte sie in Gläser und stellte sie in den Apparat. Zum Einkochen reichte die Zeit nicht mehr. Ich rieb mir die Finger mit Zitrone ab, manikürte sie. Mein Mann war noch immer nicht zurück! Ich tat ein paar Toilettensachen in meine Handtasche. Dann klingelte das Telefon. Es war mein Mann! Er sagte, er hätte eine Abhaltung, es könnte vielleicht auch mehrere Tage dauern. Er sprach stockend. Vielleicht hat er erwartet, daß ich fragen würde, wo er überhaupt sei, aber ich fragte nicht. Er erkundigte sich nach den Kindern, ich sagte, daß die Schule in drei Tagen wieder anfinge, die Tante wolle sie mit dem Auto bringen. ›Na dann‹, sagte er. So verabschiedet er sich immer. Und ich sagte auch ›Na dann‹.

Das war unser Abschied. Nach achtjähriger Ehe.

Walt war nicht im Foyer. Ich mußte an die Rezeption gehen und bitten, daß man ihm Bescheid sagte. Ich kam mir hausbacken vor, ganz linkisch, es kamen noch Gäste an, meist Ausländer. Es war eine ganz andere Hotelkategorie als die, in der ich mit meiner Familie absteige.

Ich tat, als ob ich die Abfahrtszeiten der Züge studierte, starrte auf das Plakat, das nahe beim Ausgang an einer Säule befestigt war und wartete. Mein Schirm tropfte. Ich hatte Walters Schritte auf dem Teppichboden nicht gehört. Er hat einen sehr leichten Gang. Er sagte dicht neben meinem Ohr: ›Dreh dich nicht um! Wer sich umdreht oder lacht –‹ Ich drehte mich nicht um, ich sagte: ›oder weint. Wenn er nun weint –?‹ ›Kleine Squaw!‹ sagte er, mit soviel Wärme in der Stimme, daß ich wirklich fast geweint hätte.

Walt hatte noch nicht gegessen. Wir setzten uns ins Restaurant. Mir hätte ein Cognac ganz gut getan; sehr viel Mut hatte ich nämlich nicht. Ich hatte mich in den letzten Jahren daran gewöhnt. Ich trinke nicht viel, aber doch immer mal ein Glas Cognac oder einen Vermouth. Walt bestellte Fruchtsaft, also tat ich das auch. Es war wie am Nachmittag in der Eiskonditorei, er examinierte mich. ›Kannst du ein Steak braten?‹ Ich nickte. ›Kannst du –?‹ Und immer nickte ich. Auch ohne Alkohol wurden wir immer fröhlicher und ungeduldiger. Dann waren wir beim Kaffee, jeder trank zwei Mokka. Ich würde kein Auge zutun können. Ich trinke sonst nach vier Uhr nie mehr Kaffee. Aber er war dran gewöhnt, er arbeitet in den späten Abendstunden am besten. ›Kannst du Schreibmaschine schreiben?‹ Ich nickte. ›Auch englisch?‹ Ich nickte. »Das ist gut, dann kannst du mir viel abnehmen‹, sagte er.

Gegen elf Uhr gingen wir nach oben. Vorher gab es noch einen Zwischenfall. Als wir uns dem Fahrstuhl näherten, kam der Geschäftsführer des Hotels oder wer das nun war und fragte Walt: ›Wohnt die Dame ebenfalls hier?‹ Er sprach Englisch. Walt lachte, legte den Arm fest um meine Schulter, zog mich an sich und sagte: ›She is my wife!‹ Verbesserte sich dann: ›She will become my wife!‹ Er sagte, er habe vor, mich zu exportieren, falls ich hier abkömmlich wäre. Gleichzeitig zog er eine Dollarnote aus der Tasche, wie hoch sie war, weiß ich nicht.

Gegen morgen, es wurde schon dämmrig, sagte er: ›Du mußt schlafen, kleine Squaw! Deine Übernachtung hat mich viel Geld gekostet!‹ Aber wir schliefen nicht. Wir lagen uns in den Armen. Dann redeten wir wieder. Wir waren ausgehungert nach Zärtlichkeit und nach Verständnis. Wir hatten tausend solcher Nächte vor uns und taten als wäre es die einzige, die uns vergönnt war. Als wir die Treppe hinuntergingen, zitterten mir die Beine vor Erschöpfung. Ich wollte gleich das Hotel verlassen, aber Walt sagte: ›Inklusive Frühstück, das ist im Preis inbegriffen.‹ Aus sämtlichen Spiegeln sah mir mein verstörtes Gesicht entgegen. Wir frühstückten, tranken große Gläser Grapefruitsaft, aßen gebackenen Speck und Spiegeleier, tranken Kaffee und noch mal Kaffee. ›Kannst du ein amerikanisches Frühstück herstellen?‹ fragte er, und ich nickte. ›Du kannst einen amerikanischen Mann sehr glücklich machen.‹ ›Und ich‹, fragte er anschließend, ›kann ich eine deutsche Frau glücklich machen?‹ Ich nickte.«

Marianne machte eine Pause.

Karla griff wieder nach den Zigaretten. Die Freundinnen waren sprachlos und starrten Marianne ungläubig an. Keine hätte ihr ein derartiges Abenteuer zugetraut.

Sigrid sagte: »Weißt du, wenn du Cognac oder so was im Haus hast, ich glaube, das täte mir doch gut. Es wird mich ja keine Streife erwischen, ich fahre hinten herum, nicht durch die Stadt.‹

»Mag noch jemand einen Cognac? Ich selbst brauche auch einen.«

Marianne holte Gläser und Flasche, hielt sie gegen das Licht. »Es reicht für alle!«

Sie selbst leerte ihr Glas in einem Zug und fuhr dann fort: »Die Probe war bestanden. Darüber brauchten wir nicht zu reden. Wir gehörten einfach zusammen. Das war das einzig Wichtige. Alles andere mußte nur geordnet werden. Walt rief im Büro der Pan American an. Die Maschine war ausgebucht, aber man setzte meinen Namen auf die Warteliste. Er war unbesorgt, das klappte eigentlich immer. Er flog ja oft. Er hatte Erfahrungen. Ich selbst fuhr zunächst mit der Straßenbahn nach Hause. Zum letzten Mal mit der Linie vier! Um elf Uhr schloß ich hier die Wohnungstür auf. Meine Schwiegermutter hatte meine Abwesenheit überhaupt nicht bemerkt. Ich schaltete die Platte des Elektroherdes ein. Die Pflaumen mußten eingekocht werden, sie wurden schon braun. Alles, was ich tat, hatte neue Bedeutung bekommen. Ich tat es zum letzten Mal! Es war irgendwie schon nicht mehr meine Wohnung und mein Haushalt. Ich machte noch mal sauber. Dann räumte ich meine persönlichen Dinge in eine Kommode, die ich abschloß, den Schlüssel tat ich in meine Handtasche. Ich packte einen Koffer, nicht groß, wie wenn ich übers Wochenende verreisen wollte. Ich konnte unmöglich bei jeder Bluse überlegen, ob sie für das kalifornische Klima taugte! Dabei hatte ich mein Leben lang zweckmäßig denken müssen! Was praktischer wäre, was Zeit sparte, was Geld sparte.

Ich war viel zu früh fertig. Ich legte eine Schallplatte auf. Ich stand mitten im Zimmer – hier, in diesem Zimmer! und hörte ›Ol' Man River‹! In wenigen Tagen würden wir zusammen über den Mississippi fahren! Ich holte mir die Cognacflasche und trank ein oder zwei Cognacs. Dann setzte ich mich ans Klavier und spielte Gershwin. Ich hatte vergessen zu fragen, ob Walt ein Klavier hatte. Ich kramte meine Noten durch. Ein paar Noten wollte ich mir mitnehmen. Ich konnte doch nicht alle meine Bücher zurücklassen! Ich zog die, die mir am liebsten waren, aus dem Regal, stapelte sie auf dem Teppich, und als der voll war, schichtete ich sie auf dem Teppich auf, blätterte drin und trank noch einen Cognac. Plötzlich war es dann fast zu spät. Die Wohnung, die ich mittags tadellos aufgeräumt hatte, war verwüstet, wie nach einer überstürzten Flucht.

Ich hatte gerade noch soviel Zeit, daß ich einen Zettel schreiben konnte. ›Ich gehe. Es ist genug. Für mich und für dich. Mutter sorgt für die Kinder.‹ Mehr nicht, kein Gruß, kein Name. Er redet mich schon lange nicht mehr mit meinem Namen an. Ich wollte ihm alles in Ruhe von La Jolla aus schreiben. Den Zettel legte ich auf die Flurgarderobe, wo er sein Schlüsselbund hinlegt, wenn er nach Hause kommt. Ich zögerte, ob ich meine Schlüssel dazulegen sollte, aber ich wollte die Wohnung nicht mehrere Tage unverschlossen lassen: ich nahm sie mit.«

Marianne schwieg, griff nach der Flasche, goß sich das Glas halbvoll, trank. Sie mußte unbemerkt viel zu viel getrunken haben, man merkte es jetzt ihrer Stimme an.

»Walt wartete bereits auf mich. Er lobte mich, weil ich so wenig Gepäck hatte. ›Du mußt allen Ballast abwerfen!‹

Wir flogen mit einer Superconstellation der Pan American. Als wir aufstiegen – mein Gott! Ich stieg in den ersten, den zweiten, den dritten Himmel. Bis in den siebten, der muß etwa in zwölftausend Meter Höhe sein! Wir flogen in den Sonnenuntergang hinein! Ich sah zum erstenmal Wolken von oben! Es wurde Nacht. Wir sahen die Lichter über England.

Am Morgen, landeten wir auf dem Kennedy-Flughafen New York. Alles war wie im Traum, ich lebte wie in einem Zeitraffer. Walt organisierte ein Auto, ein Thunderbird! Er trug weiße verwaschene Jeans, ein kariertes Baumwollhemd und Turnschuhe, aber er sah phantastisch aus! Zuerst fuhren wir nach Süden. Philadelphia, Baltimore, immer auf Highways, vierspurig und sechsspurig. Dann Washington. Es war irrsinnig heiß, aber das Auto hatte

Klimakühlung. Virginia. Tennessee. Wir kamen nach Chattenooga. Namen, die ich aus Büchern kannte, aus Filmen und Schlagern. Die Smoky Mountains! Walt nannte sie ›die Smokies‹. Eines Abends kamen wir nach Memphis. Der Mississippi. Ol' Man River! Wir hatten meine Träume eingeholt! Nachts durfte ich fahren. Walt sieht nicht gut bei Dunkelheit. Ich fuhr 100 MPH, dann 110 MPH, es gab Geschwindigkeitsbegrenzung, aber ich kümmerte mich nicht drum, ich war wie berauscht; neben mir saß Walt und sang Negro Spirituals. Arkansas. Oklahoma! Es wurde Morgen, und Walt sang: ›My Lord, my Lord, what a morning . . .‹ Ein Wegweiser zeigte nach Amarillo in Texas. ›Wir werden doch nicht Texas links liegen lassen‹, sagte Walt und bog links ab. Dann auf der Sixtysix, die in allen Kriminalfilmen vorkommt. Santa Fé – Albuquerque – Gallup, dort treffen sich immer die Indianer. Ich sah die Wüste! Sie war nicht gelb und nicht weiß und nicht sandig. Sie war rot und violett und blau. Lauter Steine! Die ›painted desert‹! Wir fuhren und fuhren, hielten an Snack Bars, ließen uns ein Tablett mit Steaks und Pommes frites und Eiskaffee ans Wagenfenster hängen. Manchmal legte ich meinen Kopf in Walts Schoß und schloß die Augen, und er dachte, daß ich schlief. Ein paarmal hielten wir am Wegrand, wenn es kühler geworden war, dann stocherte Walt im Salbeigebüsch, es gibt dort Schlangen, riesige Klapperschlangen, erst dann legten wir uns hin und schliefen, einer im Arm des anderen. Eines Abends hatte wir dann den Salten Sea erreicht. Kalifornien, ein Salzsee, 80 Meter unterm Meeresspiegel, mitten in der Wüste, wir suchten uns ein Motel, zum erstenmal! Um Mitternacht schwammen wir in einem Swimming-pool, der Wind sang in den Palmen, die Sterne hingen ganz tief –«

In diesem Augenblick schaltete Sigrid das Deckenlicht an. »Bist du verrückt geworden, Marianne?! Wir wissen doch alle, daß du nie nach Amerika gegangen bist!«

Es war, als hätte man eine Mondsüchtige angerufen.

Marianne sackte in sich zusammen, ihr Kinn fing an zu zittern. Jutta nahm ihr rasch das Glas aus der Hand. Sie sagte vorwurfsvoll: »Das war gemein, Sigrid, das hättest du nicht tun dürfen!«

»Sie muß doch mal aufwachen! Sie verträumt ja ihr ganzes Leben. ›Kleine Squaw‹, wenn ich das höre! Dabei kann eine Ehe doch nicht klappen, wenn der Eine im Geist über die Prärie reitet! So was träumt man mit Siebzehn!«

Jutta versuchte noch einmal, Sigrid zu besänftigen. »Die Geschichte muß wahr sein, ich kenne doch Marianne. Das hat sie nicht alles erfunden! Komm, Marianne, sag, wie es wirklich gewesen ist!«

Marianne hatte sich wieder gefaßt. »Entschuldigt«, sagte sie, »bitte, entschuldigt, ich wollte das nicht, ich weiß nicht, was über mich gekommen ist.«

Sigrid sagte nüchtern: »Der Cognac ist über dich gekommen. Du trinkst zuviel! Ich trinke auch, aber ich kann's besser vertragen, gieß mir noch einen Schluck ein und dann erzähl. Die Wahrheit!«

Marianne ging zur Tür und schaltete das Deckenlicht wieder aus. Sie beteuerte: »Walt war hier! Er hat gesagt: ›Komm mit! Ein drittes Mal frage ich nicht.‹ Ich war in seinem Hotel, ich habe meinen Koffer gepackt, ich bin zum Flughafen gefahren, Walt stand und wartete, mit dem Billett in der Hand. Ich war wie gelähmt, ich beobachtete von einer Säule oben auf der Galerie aus, wie er zur Information ging, man rief meinen Namen aus: ›Mrs. Marianne Gehl, kommen Sie bitte zur Information.‹ Drei Mal! Ich ging nicht! Er verschwand durch die Tür, über der ›Abflug‹ steht, ich lief nach draußen, auf die Aussichtsterrasse und sah ihn in den Bus steigen, der die Passagiere zum Flugzeug fährt. Es war eine Superconstellation, bestimmt! Ich wartete, bis das Flugzeug nicht mehr zu sehen war, und Abendrot war auch! Dann bin ich mit meinem Koffer an den Bahnhof gefahren und zu den Kindern. Ich habe sie selbst abgeholt. Als wir zurückkamen, lag mein Zettel noch auf der Flurgarderobe, ich habe ihn zerrissen! Die Nadel stand noch auf der Schallplatte von ›Ol' Man River‹. Und dann räumte ich die Pflaumengläser ins Regal. Bald darauf habe ich mir aus dem Klümpchen Gold einen Anhänger machen lassen.« Marianne ließ die dünne Goldkette unter ihrem Kleid verschwinden.

»Ich kann das Licht wohl wieder anmachen«, sagte Karin, spürbar verärgert, »bis auf die eingemachten Pflaumen stimmt doch wieder alles nicht! Wo hattest du denn das Visum für die Staaten her? Ich weiß doch wie lange das dauert! Woher hattest du denn das Impfzeugnis? Die Schulferien sind Anfang September schon zu Ende, wieso waren die Kinder noch auf dem Land?«

Aller Glanz war aus Mariannes Gesicht gewichen.

»Ihr wollt immer nur die Wahrheit hören. Aber mit der Wahrheit kann man doch nicht leben! Das ist doch nicht genug! Walt ist niemals wiedergekommen. Da habt ihr die Wahrheit. Ich habe mir nur tausendmal vorgestellt, wie es sein würde, wenn er sagte: ›Komm, ich hole dich hier raus. Du verkümmerst hier.‹ Ich habe mir eine Kette an das Klümpchen Gold gemacht und trage es heimlich, das ist alles. Ich dachte, wenn ich schon nichts Aufregendes und Schönes erlebt hätte, könnte ich euch wenigstens eine schöne Geschichte erzählen.« Sie goß sich wieder ein.

»Trink doch nicht mehr, Marianne!« Jutta und Birgit redeten auf sie ein. »Wein doch nicht!«

»Die Geschichte war doch auch gut!« sagte Karla und reckte sich. »Es wird jetzt Zeit für mich. Mein Flugzeug geht früh. Bestellt mir jemand ein Taxi?«

»Du bleibst!« befahl Sigrid. »Du hast uns in diese Situation gebracht, jetzt erzählst du auch!«

»Wovon?« Karla zeigte lächelnd ihre nackten Arme und Hände vor, den nackten Hals. »Ich trage keinen Schmuck, wie ihr seht.«

»Das hat doch seinen Grund! Dann wollen wir den wissen. Setz dich!«

»Also gut! Spielen wir das Spiel zu Ende. Ich besaß eine Schmuckschatulle aus rotem Saffianleder, gut gefüllt. Ich habe ein Stück nach dem anderen eingebüßt. Ich habe die Ringe und Ketten gegen Erinnerungen eingetauscht.«

»Laß die Sentenzen weg!« sagte Sigrid unfreundlich.

»Ich hatte angenommen, ich bekäme von euch Liebesgeschichten erzählt, Affären, in denen es knistert. Statt dessen habt ihr, eine nach der anderen, von Treue geredet. Das Hohelied der ehelichen Treue. ›Mein Mann sagt –‹, ›mein Mann findet –‹. Neunzehntes Jahrhundert! Und die eine, die ausbricht, die tut es nur im Traum! Da kann ich nicht mitreden. In Sachen Treue habe ich keine Erfahrungen, ich habe meine Erfahrungen mit der Liebe gemacht.«

»Laß bitte auch die Kommentare weg!« Sigrid gab sich keine Mühe mehr, ihre Abneigung zu verbergen.

»Bitte! Aber dann bei voller Beleuchtung!« Sie ging und schaltete das Deckenlicht ein. »Meine Geschichte ist nicht romantisch. Glück. Liebe – das sind doch ganz reelle und reale Dinge.«

Jutta sah auf die Uhr. »Bitte, mach es nicht zu lang. Mein Mann holt mich in zwanzig Minuten ab. Ich lasse ihn nicht gern warten!«

»Da haben wir es ja wieder. Ich kann nach Hause kommen, wann ich will und ob ich will und mit wem ich will.«

Diesmal sagte Jutta: »Du Arme!«, allerdings ohne Karla kränken zu wollen.

Dieses offensichtliche Mitgefühl war schuld daran, daß Karla ihre Geschichte an Jutta richtete, ihr wollte sie beweisen, daß sie von Glück keine Ahnung habe.

»Ein Kommentar noch, Sigrid, wenn du gestattest: ich war nie auf Besitz aus. Meine Erinnerungen sind meine Reichtümer, darauf habe ich es abgesehen, das ist meine Jagdbeute. Ich war übrigens auch einmal regelrecht verlobt, mit Ring und Stab. Der Mann war Redakteur an jener Zeitung, an der ich bald nach dem Abitur volontierte. Ich schrieb Glossen. ›Lokalspitzen‹. Man schickte mich zu Hausfrauenausstellungen und Hundeschauen. Ich galt als begabt. Der Mann hatte nichts Eiligeres zu tun, als mich aus der Redaktion herauszumanövrieren. Man kann Frauen auf höchst humane, besser maskuline Weise aus dem Beruf entfernen, wenn sie drohen, eine Konkurrenz zu werden. Meine Nachfolgerin in dem Ressort hat er dann wirklich geheiratet. Sie kehrte zurück an Herd und Wiege. Wir machten rechtzeitig Schluß, als ich seine Absicht erkannt hatte, und warfen die Verlobungsringe in den Main. Das war natürlich mein Vorschlag, weiterzuverwenden waren sie nicht. Ich hatte ihn höflich gefragt, ob er den Ring noch benötige, und er hatte es entrüstet abgelehnt. Also sagte ich: ›Fort damit‹. Wir standen gerade auf der alten Mainbrücke. In jenem Augenblick hat er mich gehaßt, aber er wollte nicht nachstehen. Er warf seinen Ring hinterher. Er war ein Mann der Feder: er hat nicht versäumt, mir in einem ausführlichen Abschiedsbrief auseinanderzusetzen, daß ich keinerlei Qualifikation zur Ehefrau besäße. Vermutlich hat er damit recht. Auf dem Hintergrund dieser gescheiterten Verlobung machte ich ein sehr anständiges Examen. Ich schrieb meine Doktorarbeit über ein Thema aus der Frauenbewegung. Soziologie. Bald nach dem Examen bekam ich von einer großen Wochenzeitung den Auftrag, eine Serie über ›Deutsche Mädchen in englischen Haushalten‹ zu schreiben. Das war ein interessantes Projekt. Ich nahm es ohne zu zögern an und fuhr nach London. 24 Mädchenschicksale! Sie erschienen später dann auch als Buch.«

»Ich kenne es«, sagte Birgit.

»Und?«

»Weiter!« befahl Sigrid.

»Meine Publikationen scheinen euch nicht sonderlich zu interessieren. Also zurück zum Privatleben. Ich lernte in London Pitt kennen. Ein Botaniker, er arbeitete über

Hochmoorflora. Wir fuhren zusammen zu einem verlängerten Weekend nach Schottland. Den Namen des Ortes habe ich vergessen, aber nicht die Szenerie. Es muß Juli gewesen sein. Die schottischen Zaunrosen blühten an Ort und Stelle. Sonst war alles grün und braun und entsetzlich öde. Macbeth! Ich stocherte mit Pitt im Moor herum und fischte mit einem Sieb aus den Tümpeln Schlinggewächse, die wir in Schraubgläser taten. Auf der Hinfahrt trug ich noch die Ohrringe meiner Großmutter, hübsche Turmaline in einer altmodischen Fassung und mit entsprechend altmodischem Schraubverschluß. Als wir von diesem Ausflug ins Hochmoor zurückkamen, besaß ich nur noch einen. Den zweiten haben wir vierhändig, auf den Knien liegend, im Moos gesucht, dann im Moor. Stundenlang! Bis wir die Suche aufgeben mußten, weil es dämmrig wurde und Nebel aufkam. Im Hotel betrachtete ich mich im Spiegel. Ich sah aus wie ein Steifftier! Mein Englisch war nie sehr gut. Ich hatte Mühe, Pitt zu erklären, was ein Steifftier sei. Ich sagte, bei Spielzeug sei der Knopf im Ohr das Gütezeichen. Branded Article! Er bestätigte mir das: ein Gütezeichen, und küßte das eine Ohrläppchen, küßte das andere. Danach sahen wir uns nicht mehr oft. Wir hatten beide zu tun, aber wenn wir uns trafen, schraubte ich mir mein ›Gütezeichen‹ ins linke Ohrläppchen. Ich trug den Ohrring dann noch ein letztes Mal, als mich Pitt in der Victoria-Station in den Zug setzte. Ich war fertig mit meiner Serie und mit Pitt. Es handelte sich nicht um eine Liebe, die den Ärmelkanal hätte überbrücken können.

Das war die erste Gelegenheit, bei der mir eines der ererbten Schmuckstücke abhanden kam. Ich wurde noch nicht aufmerksam, ich sah noch keinen Zusammenhang. Ich hielt es für einen einmaligen Tribut an das Glück. Die Erinnerung an das Weekend am Rande des schottischen Hochmoores war mir einen Ohrring wert.

Nach meiner Rückkehr richtete ich mir eine Wohnung in München ein, dort wohne ich heute noch. Ein Gehäuse, das ich liebe und das zu mir paßt; voller Kram. Ich schrieb meine Reportagen und lernte es, eine alleinstehende, unabhängige Frau zu sein. Ich vermied alle Gefahrenzonen. Auf flüchtige Abenteuer war ich nie aus. Ich weiß, wo die Fußangeln für Frauen wie mich ausliegen! Ich hüte mich zum Beispiel, bei Vollmond an der Reeling eines Mittelmeerdampfers zu stehen. Spätestens nach einer Viertelstunde steht so ein streunender Ehemann neben einem und klagt, wie unverstanden er sich fühle. Ich setze mich nicht ohne Begleitung abends an eine Hotelbar. Ich stehe nach dem Essen im Speisewagen sofort auf und kehre in mein Abteil zurück.

Ich hatte an jenem Tag nichts Böses, aber auch nichts Gutes im Sinn. Ich war mit anderem beschäftigt, folglich unaufmerksam, und da passiert so etwas. Es war gegen Mittag, an einem harmlosen, hellichten Wintertag. Ich wollte eine Kreuzung überqueren, da sprang die Ampel auf rot. Also kehrte ich um, ging rasch an den Kiosk, um mir eine Zeitung zu kaufen, in der ein Artikel von mir erschienen war. Ich hatte es eilig, eilig habe ich es ja immer. Vor mir stand ein Herr, der kein Kleingeld hatte. Der Verkäufer konnte nicht wechseln. Das Palaver dauerte ewig. Ich griff kurzentschlossen ein und legte ein Fünfzigpfennigstück hin und tat ein zweites dazu, nahm mir meine Zeitung und rannte los und kam auch noch bei Grün über die Kreuzung. Es war Ungeduld, blanker Egoismus und keineswegs Hilfsbereitschaft, für die es genommen wurde! Der Herr wollte partout seinen Dank loswerden. Wohl oder übel mußte er mit über die Kreuzung, was er gar nicht vorhatte. Er hatte seinen Wagen in einer Nebenstraße geparkt und die Parkuhr nicht bedienen können. Zu diesem Zweck hatte er Kleingeld am Kiosk einwechseln wollen. Durch mein Dazwischenkommen hatte er das Kleingeld immer noch nicht. Er erklärte mir den Sachverhalt lang und breit. Ich gab ihm also auch noch zwei Groschen für die Parkuhr. Er war verblüfft. Er war an den Umgang mit unkonventionellen

Frauen anscheinend nicht gewöhnt. Er sagte, ›wenn Sie noch etwas für mich tun wollen, überweisen Sie mir den Betrag auf mein Konto!‹ Er zog seine Karte aus der Brieftasche und reichte sie mir. Ich lachte und steckte die Karte achtlos in die Manteltasche.

Wenige Tage darauf trafen wir uns an derselben Kreuzung wieder. Er stoppte seinen Wagen bei Rotlicht, und ich ging unmittelbar vor ihm über die Straße. Er kurbelte sein Fenster herunter und rief: ›Haben Sie wohl einen Groschen für mich?‹

So fing die Geschichte an, so unverfänglich. Ein Groschengrab von einem Mann! Sobald wir uns sahen, warf ich Groschen in den Taschenschlitz seines Jacketts. Wie in eine Spardose. Außerdem kostete er mich noch eine Kette. Sie stammte aus dem Besitz der anderen Großmutter, die im Allgäu lebte. Ich nannte die Kette immer ›mein Halfter‹, sie war schwer, aus massivem Silber. Einmal hatten wir Streit, eine Bagatelle vermutlich, die dann zur grundsätzlichen Kraftprobe wurde. Er nahm mich beim Halfter, schlang sich die Kette ums Handgelenk, drehte weiter, immer enger um meinen Hals und folglich auch immer enger um sein Handgelenk. ›Gibst du nach oder gibst du nicht nach?‹ Ich gab nicht nach. Die Kette gab nach. Ein Ring sprang auf, die Kette fiel auf die Erde. Wir trugen beide breite rote Striemen davon, ich um den Hals, er ums Handgelenk. Ich ließ die Kette am Boden liegen und ging davon. Die Kraftprobe fand im ›Englischen Garten‹ statt. Für diesmal war ich billig davongekommen.

Eine Zeitlang war ich mit ihm glücklich gewesen. Sehr glücklich sogar! Ich hatte es auf viele Zettel geschrieben. Ich hatte sie in Briefe an meine Freunde gelegt und in der Wohnung verteilt, das tue ich noch immer in Glücksfällen. Ich schiebe die Zettel zwischen die Bettlaken im Schrank, tue sie in Gewürzdosen in der Küche, in das Röhrchen mit Schlaftabletten. Ich vergesse den Aufbewahrungsort. Zufällig kommt mir dann, nach Tagen oder Monaten, so ein

Zettel wieder in die Hand. Wenn es dann noch stimmt, wenn ich noch glücklich bin, tue ich ihn befriedigt an seinen Platz zurück. Stimmt es nicht mehr, lese ich ihn andächtig, und zerreiße ihn in kleine Fetzen und werfe sie in den Müll.

Manchmal stehe ich im Badezimmer vorm Spiegel und sage es mir ins Gesicht: ›Du bist glücklich, hörst du, Karla? Du bist glücklich!‹ Ich suche nach Spuren des neuen Glücks. Ich kämme mir das Haar aus dem Gesicht. Die Stirn muß frei sein! Ich ändere die Frisur, lasse das Haar wachsen, gehe lachend durch die Straßen. Man dreht sich nach mir um. Wenn ich's merke, drehe ich mich gleichfalls um, lache, bis mein Lachen erwidert wird. Ich bewege mich in einer Aura von Glück, die niemand durchbrechen kann.«

Die fünf Schulfreundinnen beobachteten Karla kritisch. Sie sahen, daß Karla das dunkle kurze Haar tief in die Stirn gekämmt trug; wenn sie den Kopf senkte, berührte es die dichten Augenbrauen. Kein Lachen war zu sehen. Keine Aura. Sie sahen ein energisches Kinn, einen schmallippigen Mund, sie sahen auch die Falten, die sich von der kräftigen Nase zu den Mundwinkeln zogen: ein kluges, energisches Gesicht.

Karla erzählte weiter. Sie war eine geübte Erzählerin, man hörte, daß sie diese Episoden aus ihrem Leben nicht zum ersten Mal zum besten gab.

»In solchen Zeiten setze ich mich gern ins Auto, drehe die Fenster herunter, auch wenn noch März ist, strecke den Arm nach draußen, fasse mit der Hand aufs Dach. Ich fahre nicht – ich fliege! Ich muß mich am Wagendach festhalten. Die Räder berühren die Straße nicht – zehn Zentimeter überm Asphalt! In anderen, in normalen Zeiten bin ich empfindlich gegen Zugluft. Ich habe mit Neuralgien zu tun, wie alle nervösen, künstlerischen Typen. Aber in diesen Glückszeiten liebe ich Durchzug, dann liebe ich Wind. Ich reiße Türen und Fenster auf, auch solche, für die ich nicht zuständig bin, in Vorzimmern, Warteräumen. Ich knöpfe den Mantel auf, die Bluse wird mir zu eng, ich würde einen Knopf nach dem andren aufknöpfen, hielten mich die entrüsteten Blicke der Leute nicht zurück.«

Karlas Hemdbluse war bis zum obersten Knopf geschlossen. Die Freundinnen registrierten es mit Genugtuung.

»Ich schiebe die Ärmel hoch. Glück macht warm! Meine Körpertemperatur steigt um mindestens 3 Grad! Ich befinde mich in einem Zustand der permanenten Atemlosigkeit.«

›Schilddrüse‹, dachte Karin, ›typisch für eine Überfunktion der Schilddrüse.‹

Sigrid sagte es dann laut: »Eine Schilddrüsenüberfunktion!«

»Zeitweise!« entgegnete Karla. »Ich habe Freunde für glückliche Zeiten. Das sind natürlich nicht viele. Dann braucht man kaum einen anderen Menschen als den einen geliebten. Wer erträgt denn Glück, an dem er keinen Anteil hat? – Aber ich habe auch Freunde fürs Un-Glück. Die Kreise überschneiden sich nicht. Ich muß niemandem Rechenschaft ablegen, ob die Ursache des jeweiligen Unglücks oder Glücks noch dieselbe ist. Gelegentlich entschlüpft mir ein Name. Oder ich schreibe von einem gewissen Herbert – Entschuldige, Sigrid! Nicht deiner!«

»Du bist auch nicht sein Typ, Karla!«

»Sagen wir Horst! Oder hat eine von euch darauf ein Monopol? – und dann meint so eine Freundin sich an Dieter zu erinnern. So etwas stelle ich nicht richtig! Darüber gehe ich hinweg. Ich bin glücklich! Wie die Ursache des Glücks mit Namen heißt – was geht das andere an?

Klaus – nur so zum Beispiel! Er hieß anders, ich nannte ihn aus irgendeinem Grund Klaus. Ich hatte damals schon das Auto. Es muß also nach diesem ›Groschengrab‹ gewesen sein. Solange ich in meinem Auto saß, fühlte ich mich sicher, ganz ungefährdet. Da tausche ich schon mal mit jemandem einen Blick, ein Lächeln, es ist unglaublich viel möglich, von einem Wagenfenster zum anderen. Ihr habt keine Ahnung!«

»Ich habe eine Ahnung!« sagte Karin.

»Kann sein!« Karla mochte es nicht, wenn man sie unterbrach, ihre Fragen waren rhetorisch gemeint. »An jenem Tag war mein Wagen zur Inspektion. Ich wollte nach Hause. Ich hatte an einer stundenlangen Redaktionskonferenz teilgenommen. Ich konnte gerade noch auf das Trittbrett der Straßenbahn springen, bevor sich die Türen automatisch schlossen. Kaum war ich drinnen eingesperrt, fiel mir ein, daß ich nichts zum Abendessen zu Hause hatte. Die Straßenbahn fuhr gerade an einem erleuchteten Fischgeschäft vorbei. Ich bekam Lust auf Bücklinge. Ich beschloß, mir ein Omelett mit Bücklingen zu backen. Ich mußte also wieder aus der Straßenbahn hinaus. Ich drängte mich vor, erreichte mühsam die Mitteltür, wollte aussteigen und: konnte nicht! Ich trug ein Netz in der Hand, und das hing am Mantelknopf eines Fahrgastes fest. Die Maschen des Netzes waren eng, Perlon, unzerreißbar. Ich zog und drehte, Netz und Knopf verhedderten sich nur noch mehr. Ich sah zornig zu dem Mantelträger auf und sagte: ›Ah – verdammt! Entweder, Sie kommen jetzt mit, oder ich reiße Ihnen diesen Knopf ab!‹

Der Mann reagierte rasch. Er sagte: ›Entweder!‹ und hielt die Türflügel fest, die sich bereits wieder automatisch schlossen und stieg mit mir zusammen aus. Wir standen auf der Insel, vom Verkehrsstrom umbrandet und probierten beide, Knopf und Netz voneinander zu trennen. Vergeblich! Ich hatte mir den Mann eingefangen. Wir lachten, wir konnten gar nicht wieder aufhören zu lachen. Ich lache gern!«

Die anderen suchten nach einer Spur von Heiterkeit in Karlas Gesicht.

»Er war mir ins Netz gegangen! Er begriff das gleich, sagte es lächelnd. Auch mit größerer Aufmerksamkeit hätte ich mir keinen interessanteren Typ herausfischen können. Ich sah ihm ins Gesicht und war fasziniert. ›Lachen Sie noch mal!‹ befahl ich. ›Das ist phantastisch! Was haben Sie für Zähne! Damit können Sie ja ein Vermögen verdienen! Ein Reklamegebiß!‹

Er behauptete, sie brächten ihm nichts ein. Sie kosteten ihn nur. ›Sie beißen so gern.‹ Er zeigte seine beiden blitzenden Zahnreihen. ›In Äpfel und in Steaks‹, sagte er und sah mich dabei an, als bisse er besonders gern in Schultern. ›Ich habe Hunger!‹ stellte er fest. Ohne allerdings zu sagen, worauf. Wir kauften keinen Bückling! Ich backte kein Omelett, das war vergessen. Es mußte eine Ewigkeit her sein, daß ich Lust auf Bücklinge hatte. Wir gingen zusammen in ein Restaurant.

Immer waren es die Details, die mich an einem Mann faszinierten. Die Hände. Das Haar. Diesmal waren es die Zähne. Ein Exemplar, an dem ich alles – alle Details – mag, ist mir nie begegnet. Zähne – wie ein Raubtier! Ich nannte ihn immer ›mein Raubtier‹, ›mein schönes Raubtier‹. Er biß wahrhaftig gern. Nicht nur in Schulterblätter. Ich behielt auch Zahnabdrücke, Marianne! Aber nicht in Gold! Sondern –« Karla brach ab, fuhr dann fort: »Keine Angst! Weiter gehe ich nicht! Ich respektiere dein empfinliches Gemüt, Jutta! Es dauerte übrigens nur einen Herbst. Wir scheiterten an diesem Entweder – Oder, mit dem es so heiter angefangen hatte. Das wurde zur Gewohnheit. Wir hatten zunächst beide Spaß dran, und nach einiger Zeit ging es ihm auf die Nerven. Mein Entweder – Oder. Ich schlug ihm am Telefon vor: ›Entweder du holst mich nachher ab, oder ich sehe mir diesen Film in der Abendvorstellung an!‹ Ich sagte keineswegs: ›Entweder du kommst oder ich liebe dich nicht mehr.‹ Keine Alternativen, wie das andere Frauen machen. Es hat mich immer empört, wenn meine Mutter sagte: Wenn du mich lieb hast, ißt du dein Tellerchen leer! Als ob das etwas miteinander zu tun hätte!«

Karin errötete, weil ihr einfiel, daß sie genau diesen Satz immer sagte, wenn Marion in ihrem Essen herumstocherte.

»Trotzdem: er mochte das nicht. Er mochte nicht, daß ich immer noch etwas anderes vorhatte. Für den Fall, daß er keine Zeit hatte. Dabei sicherte ich mich doch nur ab. Aus Instinkt. Ich ersparte mir Wartezeiten, in denen ich hätte drüber nachdenken müssen, wo mein schönes Raubtier – Hermann! Jetzt fällt er mir ein, er hieß Hermann! Unmöglich! – eben gerade war. Und warum er keine Zeit hatte und was draus werden sollte. Für mich gilt nur der Augenblick, das Heute. Was gestern war, ist vorbei. Das sind Erinnerungen, die gehören mir. Keinem sonst! Wer da was wissen will –. Natürlich blieben Fragen nie aus: ›Wer war mein Vorgänger? Wie viele waren es? Du bist freigiebig! Bist du das immer?‹

Männer! Sie hassen es doch, wenn Frauen der Ansicht sind, daß auch sie frei sind, daß sie nun endlich auch ihre sexuelle Freiheit beanspruchen wollen. Ich frage immer nur: Was tun wir jetzt? Was morgen? Allenfalls dehne ich die Pläne bis zum nächsten Wochenende aus. Eine längere gemeinsame Zukunft sehe ich – zunächst – nicht vor. Dauert es –, gut! Noch besser! Ich streune ja nicht! Seht mich nicht an, als wäre ich eine Nymphomanin! Vielleicht hatte ich einfach noch nie Gelegenheit zur Treue? Ich sage nicht ›ewig‹ und nur sehr selten ›immer‹. Ich hüte mich hinzuhören, wenn ein Mann in einem unbedachten Augenblick – auf Flughäfen zum Beispiel, wenn man in zehn Minuten nach Rom fliegen muß, sagt: ›Wir bleiben zusammen, hörst du Karlchen!‹ Dieses Raubtier nannte mich ›Karlchen‹, der Einfall ist so originell, daß er ziemlich allen meinen Freunden irgendwann gekommen ist. ›Wir bleiben zusammen!‹ Was für Töne, wenn rundherum die Düsenmaschinen dröhnen! Das sind doch Atavismen! Männer sind in solchen Situationen nicht zurechnungsfähig. Dann muß man lächeln und sie begütigen und versichern ›natürlich bleiben wir zusammen‹, das beruhigt sie schon. Sie wissen doch selbst am besten, wie unwiderstehlich sie sind!«

Karlas Stimme klang jetzt zynisch. Mehr und mehr wurde deutlich, daß sie eine Männerfeindin war, sie, die ›Expertin in Frauenfragen‹.

»Wenn ich liebe, bin ich treu«, versicherte sie. »Ganz zuverlässig. Treue ist bei mir an Liebe gebunden. Nur sie macht Treue überhaupt möglich und sinnvoll.« Karla wandte endlich den Blick von Jutta, die sich daraufhin aufatmend zurücklehnte, und sah statt dessen Sigrid herausfordernd an, die ihren Blick gelassen erwiderte. Sigrid war ihr am ehesten gewachsen. Glück wirkt wie ein Magnet auf Glücksucher! Ich verschanze mich dann hinter den Burgwällen meiner Treue! Es gibt bei mir keine Heimlichtuerei. Keine Koketterie. Kein Ausspielen des einen gegen den anderen. Das muß doch endlich aufhören, dieses Männchen-Weibchen-Spiel. Bloß keine Eifersuchtsszenen, das ist 19. Jahrhundert. Ich lasse nie den geringsten Zweifel aufkommen. Ich sage freimütig: ›Du und kein anderer.‹ Das gilt. Wenn auch auf Zeit.

Für eine Frau in meinem Beruf ist Wechsel unerläßlich. Männer öffnen einem die Türen zu Lebensbereichen, die einem sonst unzugänglich wären. Liebend lernt man am meisten und am leichtesten! Dann werden die uninteressantesten Themen einem plötzlich interessant. ›Ich lehre dich den Morgen lieben‹, sagte mal einer und: Er tat's! Von einem Tag zum anderen wurde ich eine Frühaufsteherin. Ich wurde zum Wandervogel, sang Lieder aus dem ›Zupfgeigenhansl‹, lernte sieben und acht Strophen auswendig. Wenn der Mann danach war. Und der war danach! Mit einem anderen saß ich in Jazzkellern, rauchte und diskutierte bis in den Morgen. Ein vierzigjähriger Beatle! Mit dem Wandervogel traf ich mich mittags in einem vegetarischen Restaurant. Seinetwegen kaufte ich ein Kochbuch für die vegetarische Küche, briet nur noch Selleriesteaks und Hirseplätzchen! Nahezu fünf Monate trug ich eine Brille mit breitem schwarzen Hornrand, nur weil der Mann, den ich liebte, fand, sie stände mir gut. Er selbst trug seit Kinderzeiten eine Brille, er hielt eine Brille für ein untrügliches Zeichen von Intelligenz!«

Karla unterbrach sich, zündete sich eine Zigarette an, trank einen Schluck. »Beruhigt euch!« und wieder blieb ihr Blick auf Jutta hängen. »Ich bin nicht mit jedem Mann, den ich kennenlernte, ins Bett gegangen! Ihr scheint das anzunehmen. Es gibt auch noch eine Menge anderes, was ein Mann und eine Frau miteinander tun können. Im vorigen Sommer war ich ein paar Wochen am Mittelmeer, zuerst in Alassio, dann in Cannes. Ich wollte etwas über die Auswirkungen von Sonne und Süden auf die Psyche der Frauen schreiben. Ich lernte dort einen Mann aus Tunis kennen. Meine Freunde rechneten bereits damit, daß ich Mohammedanerin würde! Die Gefahr war tatsächlich groß. Ich bin verführbar. Ich hatte schon eine französische Ausgabe des ›Koran‹ erworben. Und einen undurchsichtigen weißen Schleier! Ich probierte vorm Spiegel, wie ich als Orientalin aussehen würde, zog den Schleier tief in die Stirn, hob das andere Ende über den Mund, senkte den Blick – ich gefiel mir!

Daß Gefahr im Anzug war, wußte ich, seit ich eine kleine goldene Anstecknadel vermißte, die ich immer am Badeanzug getragen hatte. Die Augen dieses Tunesiers! Völlig flach, ohne Tiefe, braun, keinerlei Ausdruck, man sah nichts drin, nichts! Ich paßte mich seinen Lebensgewohnheiten an und verlor mein Ich völlig. Ich vergewaltigte meine eigene Natur, ohne mir dessen bewußt zu sein. Das konnte nicht gutgehen und ging ja auch nicht gut, oder doch: ich kam zur Besinnung, warf meine Kleider in den Koffer, stopfte die Manuskripte in eine Tasche und ergriff die Flucht.

Ich fuhr non stop nach München. Ich stieg die Treppe zu meiner Wohnung hinauf, ich wohne in einer Mansarde, und legte mich aufs Bett. Mehrere Tage blieb ich im Bett, weitgehend schlafend. Mein Körper fügt sich seinen Bedürfnissen. In einer solchen Verfassung will ich nichts sehen und hören; eine gerade beendete Liebe ist wie eine akute Krankheit, die sofort behandelt werden muß. Mit Bettruhe.

Nach ein paar Tagen ist das Schlimmste überwunden. Dann wache ich eines Morgens auf und fühle mich in Ordnung, dusche, ziehe mich an wie es meinem eigenen Geschmack entspricht, und nicht wie ein Wandervogel oder eine Mohammedanerin. Ich suche unter der Post, die immer noch ungeöffnet liegt, die Bankauszüge heraus, öffne den letzten. Wenn ich den Kontostand sehe, setze ich mich unverzüglich an den Schreibtisch, schlage den Terminkalender auf, greife zum Telefonhörer. Ich muß schreiben! Ich brauche Geld! Das ist der gesündeste Antrieb zur Arbeit: wenn man Geld braucht. Dieser Antrieb fehlt den meisten Frauen! Ich brauchte neue Kleider. Ich hatte das dringende Bedürfnis, meine alten Freunde wiederzusehen. Die Rückkehr in die mir gemäßen Lebensgewohnheiten, die ja stark ausgeprägt sind, erleichtert mir die Trennung von einem Mann.

Diese lieb-losen Intervalle tun mir gut! Dann entschließe ich mich, an Gymnastikkursen teilzunehmen, gehe regelmäßig zum Schwimmen, zur Sauna, kontrolliere mein Gewicht. Wenn ich ›in love‹ bin, esse ich mit doppeltem Appetit, nehme unweigerlich acht bis zehn Pfund zu, in wenigen Wochen.

Die Freundinnen sahen sich Karlas Figur an. ›In love‹ konnte sie nicht sein. Sie war mager. Diese Feststellung befriedigte sie.

»Dann lasse ich langwierige Zahnbehandlungen vornehmen, für die ich vorher weder Geduld noch Zeit aufgebracht habe. Ich gehe zum Friseur, lasse mir die Haare kurz schneiden. Während ich ›in love‹ bin, lasse ich sie unbekümmert wachsen.«

Karla trug die Haare in Streichholzlänge.

»Wäre ich immer ›in love‹, müßte ich verhungern! Ich

vernachlässige dann meinen Beruf, bin plötzlich außerstande, etwas anderes zu tun als zu leben. Aber: das Bedürfnis zu schreiben staut sich. Wenn die Affäre vorüber ist, gibt es nichts besseres für mich als zu schreiben. In solchen normalen Zeiten arbeite ich konzentriert, ohne aufzublicken, natürlich auch, um über eine Enttäuschung hinwegzukommen. Es gibt Tage, da meine ich, ich könnte keine Tasse Kaffee mehr allein trinken und es lohnte sich nicht, nur zum Schlafen ins Bett zu gehen. Dann schwöre ich mir: No more, Karla! Das passiert dir nicht wieder! Ich beschließe, die Weichen neu zu stellen, mich nie wieder in eine derartige Abhängigkeit von meinen Gefühlen und schon gar nicht von denen eines Mannes zu bringen. Dann scheint mir nichts so wichtig wie meine Karriere. Dann bin ich auf Erfolg aus und auf Geld. Ich mache mir vor, daß größere wirtschaftliche Sicherheit mir guttun würde. Daß ich den Umgang mit Männern leid sei, die immer alles besser wissen, immer alles erklären wollen, immer bewundert werden müssen. Einmal bin ich an einen Mann geraten, der behauptete sogar, ein Steak besser braten zu können als ich! Er sagte das mit solcher Entschiedenheit, daß ich ihm glaubte! Ich aß das halbrohe Fleisch und lobte und bewunderte seine Kochkünste und war überzeugt, völlig überzeugt: er könnte sogar besser kochen. Seinetwegen hätte ich fast ein Magengeschwür bekommen! Er kostete mich ein Armband!«

Die Freundinnen dachten darüber nach, ob Karla wirklich in der Lage wäre, ein Steak sachgemäß zu braten.

»In solchen normalen Zeiten entwickle ich einen enormen kulturellen Nachholbedarf. Ich gehe in Theaterpremieren, zu Ausstellungseröffnungen, ich bin einfach überall dabei, treffe Leute. Bis mir dann eines Tages die Augen aufgehen. Dann sehe ich mir die anderen, ebenso kulturbeflissenen Frauen genauer an und stelle fest, wie sehr man merkt, daß Kultur die Natur der Frau unbefriedigt läßt. Kultur ist einfach nur Surrogat! Und dann ändere ich meine Parole, dann sage ich nicht mehr: nie wieder! Sondern, – wenn jemals wieder ein Mann, dann doch bitte ein Reicher! Dann ein Ernährer. So wie ihr sie habt! So einen Herbert! So einen Matthes! Einen Jan!«

»Mein Mann heißt Jochen!« verbesserte Karin.

»Wie du willst, Karin! – Also: ich bin dann meist auch müde, vom Schreiben, vom Unterwegs-Sein. Viel Zeit für die Suche habe ich nicht mehr, das kann ich ja im Spiegel lesen. Er ist mein ständiges, nie wechselndes Gegenüber, mit ihm muß ich auskommen! Sobald ich allein lebe, altere ich rascher.

Alle meine Männer hatten eines gemeinsam: es waren Habenichtse! Man sah ihnen das nicht auf den ersten Blick an. Ich merkte es immer zu spät. Sie sahen gut und interessant aus, fuhren einen Wagen, aber sie hatten überhaupt keinen Stellenwert!

Als ich im letzten Herbst nach Baden-Baden zu einem Kongreß mußte, dachte ich, das sei doch wohl ein Platz für vier- und fünfstellige Herren. Man sieht den meisten Männern die Einkünfte an der Taillenweite an. Ich liebe den Oktober. Ich liebe den Schwarzwald, sie passen zusammen. Der Kongreß war leidlich interessant. Ich bekam Komplimente und auch Blumen. Aber ich war unruhig. Im Herbst bin ich das immer. Eines Mittags war ich in Brenners Park-Hotel zum Essen mit ein paar sehr interessanten Männern zum Essen verabredet. Es war noch etwas Zeit. Ich bummelte durch den Kurpark, kam an einer kleinen Galerie vorbei, in der ein unbekannter Maler ausstellte. Ich warf einen flüchtigen Blick auf das Plakat neben dem Eingang. Es gefiel mir! Von klein auf hatte ich eine Vorliebe für Ocker. Mit vier Jahren malte ich rotgelbe Häuser, flammendrote Sonnen und gelbrote Bäume, den Rest der Kreidestifte verschmierte ich auf dem Fußboden und den Tapeten. Dieser Maler teilte meine Vorliebe für Ocker! Ein Abstrakter! Gegenständliche Malerei interessiert mich nicht. Der Künstler war anwesend, er saß auf einem Stuhl und bewachte seine Bilder und hörte, wie ich rief, ›das ist phantastisch, das strahlt, das explodiert über den Bildrand hinweg!‹

Als ich zehn Minuten später die Galerie verließ, hatte ich den Mantel bereits aufgeknöpft. Ich zog die Handschuhe aus, öffnete die obersten Knöpfe der Bluse, – der Tag war danach: strahlend südlicher Oktober und die Bäume trugen alle Ocker! Ich atmete tief, der Wind blies mir das Haar ins Gesicht. Ich beschloß, es wachsen zu lassen. Ich war beschwingt und noch ganz ahnungslos. Ich hatte ein paar Bilder gesehen, die mir gefallen hatten. Außerdem hatte ich einen jungen Maler getroffen, der nicht fünfstellig war. Wahrscheinlich so gerade nur dreistellig. In Cordhosen und Strickhemd, mit kurzgeschorenen Haaren, wie Borsten! Man spürte sie unter den Handflächen, wenn man nur hinsah. Ich spürte sie sogar noch, als ich eine halbe Stunde später in Brenners Park-Hotel die gelichteten Häupter sah, die mich erwarteten.

Erst am Abend, als ich das Kettchen vermißte, die Hälfte der großmütterlichen Uhrkette, die ich gern trug, wurde ich aufmerksam. Ich hatte die Kette nicht etwa liegenlassen. Kein Grund, an jenem Tag eine Kette abzulegen! So einfach ließ sich das nicht erklären. Der Verschluß war nicht gesichert. Die Kette war mir früher schon manchmal am Aufhänger des Mantels hängengeblieben, aber dann hatte ich es bemerkt. Diesmal hatte ich es nicht gemerkt. Die Kette war verloren, und ich hatte die Warnung verstanden. Ich sah in den Spiegel und sagte: Be careful, Karla! Ich gebe mir meine Ermahnungen auf englisch. Aber ich wußte natürlich, daß alle Vorsicht vergeblich sein würde. Ich machte mir vor, daß ich nicht einmal wüßte, um wen es sich handelte, ließ die vier- und fünfstelligen Herren auf meinem inneren Bildschirm erscheinen und spürte dabei bereits dieses Borstenhaar unter den Händen. Ocker! Ich kannte doch diesen Ausdruck in meinen Augen. Einen Augenblick später gestand ich es mir ein: Ich bin glücklich. Der Tribut an das Glück war im voraus entrichtet. Ein goldenes Kettchen. Die Sache hat nicht lange gedauert. Aber es kommt auf die Intensität einer Beziehung an, nicht auf die Dauer. Es endete auch ohne Reue. Ich lag bei zugezogenen Vorhängen zwei Tage auf dem Bett und hörte mir so einen Evergreen an ›Sag beim Abschied leise Servus‹. Kennt ihr das noch? Die Platte ist völlig ramponiert, lauter Kratzer. Es war nicht das erste Mal, daß ich sie nötig hatte. Merkwürdig, wie sich die Gefühle gleichen, nur daß die Gegenstände wechseln.

Jede Affäre hat mich ein Schmuckstück gekostet. Ich verlor es, ließ es liegen oder es wurde mir gestohlen, das kam auch vor. Es war Zauberei am Werk. Jetzt ist die Schatulle leer, bis auf den einen Ohrring, das Gütezeichen, dessen Partner im schottischen Hochmoor liegt. Ich könnte mir natürlich Schmuck kaufen. Keine doppelreihigen Perlenketten wie Sigrid sie trägt, das nicht. Aber bei mir muß ja auch keiner etwas wiedergutmachen! Manchmal stehe ich vorm Schaufenster eines Juweliers. Aber sobald ich die Türklinke in der Hand halte, fallen mir alle meine Unfälle mit Ringen und Ketten wieder ein –«

Karla unterbrach sich und lachte auf: »Habe ich eben Unfälle gesagt? Ich meine natürlich Glücksfälle! Ich muß müde sein, ich fange an, mich zu versprechen.«

»Keiner würde da eine Fehlleistung vermuten, liebe Karla!« sagte ausgerechnet Marianne.

»Warum auch?« fragte Karla. »Ich fordere das Glück nicht heraus. Es kommt, oder es kommt nicht. Darauf angewiesen bin ich nicht, einzig auf meinen Beruf bin ich angewiesen. Vielleicht ist diese Glücks-Periode auch zu Ende? In der ich alles verspielt habe für ein paar Erinnerungen? Seht mich nur weiter ungeniert an: nackte Arme, nackter Hals, keine Ohrringe, kein Ring. Und das bei einer Frau meines Alters. Frauen wie ihr frieren vermutlich, wenn sie sich nicht am Feuer ihrer Brillanten wärmen können! Vielleicht mache ich im nächsten Lebensabschnitt meine Erfahrungen mit der Treue? Wie ihr! Und heimse Schmuckstücke ein, bringe Beute nach Hause.«

Jutta stand auf, ihr Sessel kippte um. Mit erregter Stimme sagte sie: »Hör jetzt auf! Ich mag nicht mehr! Ich will das nicht hören! Ich will nach Hause!«

Sie war die erste, die ging. Ohne auf Wiedersehen zu sagen, ohne Dank an die Gastgeberin. Ihr Mann wartete vermutlich schon längere Zeit vorm Haus.

Der Aufbruch war allgemein.

Karla drückte die Zigarette aus. »Tut mir leid, wenn euch meine Geschichte nicht gefallen hat. Habt ihr euch mein Leben denn anders vorgestellt? Habe ich nicht eure Erwartungen erfüllt oder gar übertroffen?«

Keine antwortete. Sie trennten sich rasch und trafen keine Verabredung wie sonst an ihren Donnerstagnachmittagen, wo es hieß: ›Das nächste Mal bei Birgit!‹ – ›Ich freue mich jetzt schon drauf!‹

Sigrid sagte: »Wir können ja mal telefonieren«, und Birgit rief ihr nach: »Ja, wir können mal telefonieren.«

Sie liefen die Treppe hinunter und setzten sich erschöpft in ihre Autos. Karla blieb als einzige zurück bis ihr Taxi vorfuhr. Marianne stand am Fenster und sagte leise, hörbar bekümmert: »Wir werden uns nie wieder treffen. Jahrelang haben wir uns auf unsere Donnerstagnachmittage gefreut. Das ist vorbei. Wir waren immer heiter. Wir kannten uns doch so gut.«

»Aber ihr wußtet nichts voneinander!« sagte Karla.

»Das war besser!«

»Bekenntnisse sind gut für die Seele, aber schlecht für den Ruf.«

Unten hupte der Taxifahrer. Karla verabschiedete sich. »Ich verdanke euch eine interessante Erfahrung! Vielleicht schreibe ich gelegentlich einmal etwas über ›die Mädchen aus meiner Klasse‹.

John Fowles

Die Geliebte des französischen Leutnants

Ullstein Buch 3042

ein Ullstein Buch

Wir schreiben das Jahr 1867 in Lyme, einem Städtchen an der Südküste Englands. Eine junge Frau, deren schlechter Ruf ständiger Gesprächsstoff ist, steht am Ende einer verlassenen Hafenmole und starrt auf das Meer hinaus. Die Bürger glauben, daß sie auf die Rückkehr eines französischen Leutnants wartet. Aber sehnt sich die geheimnisvolle Einsame wirklich nach einem Mann, oder wartet sie auf jemanden, der sie nicht nur von ihrer Melancholie, sondern auch von ihrem Jahrhundert befreit?

Erich Maria Remarque

ein Ullstein Buch

Im Westen nichts Neues
Ullstein Buch 56

Der Funke Leben
Ullstein Buch 177

Zeit zu leben und Zeit
zu sterben
Ullstein Buch 236

Drei Kameraden
Ullstein Buch 264

Der schwarze Obelisk
Ullstein Buch 325

Liebe deinen Nächsten
Ullstein Buch 355

Der Weg zurück
Ullstein Buch 2722

Der Himmel kennt keine
Günstlinge
Ullstein Buch 3395

Arc de Triomphe
Ullstein Buch 3403

Die Nacht von Lissabon
Ullstein Buch 3450

Christine Brückner

Ehe die Spuren verwehen
Ullstein Buch 436

Ein Frühling im Tessin
Ullstein Buch 557

Die Zeit danach
Ullstein Buch 2631

Letztes Jahr auf Ischia
Ullstein Buch 2734

Die Zeit der Leoniden (Der Kokon)
Ullstein Buch 2887

Wie Sommer und Winter
Ullstein Buch 3010

Das glückliche Buch der a. p.
Ullstein Buch 3070

Überlebensgeschichten
Ullstein Buch 3461

Jauche und Levkojen
Ullstein Buch 20077

Nirgendwo ist Poenichen
Ullstein Buch 20181

Kassette mit fünf Romanen
Ullstein Buch 20078

Das eine sein, das andere lieben
Ullstein Buch 20379

Mein schwarzes Sofa
Ullstein Buch 20500

Lachen, um nicht zu weinen
Ullstein Buch 20563

ein Ullstein Buch